# ZEIT
## für mich

GESUND & KREATIV
## ZUHAUSE

DER
SURVIVAL
GUIDE
GEGEN
LANGEWEILE

D1730406

# VORWORT

Manchmal stehen wir vor Situationen, mit denen man einfach nicht rechnet. **Situationen, in denen sich unser Alltag und unsere tägliche Routine schlagartig ändern.** So heißt es in Krisenzeiten auf einmal, man solle zum Schutz seine Wohnung oder sein Haus so wenig wie möglich verlassen. Und besonders in solch schwierigen Zeiten ist es wichtig, sich **solidarisch und vernünftig** zu verhalten. Nicht nur für sich, sondern **für die gesamte Gesellschaft.**

Ob wegen einer ansteckenden Infektionskrankheit oder einer vergleichbaren Notsituation: Fälle der Vergangenheit (spontan denken wir da an die Spanische Grippe) haben gezeigt, **häusliche Quarantäne schränkt das persönliche Leben und den Alltag immens ein,** ist aber unter Umständen einfach notwendig.

Aber zwei Wochen zuhause können sich sehr lange hinziehen. **Was können Sie also tun,** um sich trotzdem in Ihrer Lage zurecht zu finden? 14 Tage Streaming-Dienste durchgucken?

Eine, aber längst nicht die einzige Möglichkeit.

Denn was Sie gerade in den Händen halten, ist **das ultimative Beschäftigungsbuch!** Sporteln, Basteln, Malen, und **ein Survival-Guide** mit Wissenswertem zu Infektionskrankheiten – Sie sind damit bestens **für harte Zeiten gerüstet:**

Tolle DIY-Projekte und Bastelideen, die Sie mit allem, was Sie zuhause so finden, ganz einfach selber machen können.

Sport- und entspannende Meditationsübungen, die Sie ganz bequem ohne notwendiges Equipment in Ihrem Wohnzimmer durchführen können. So bleiben Sie trotzdem energiegeladen und gesund.

Und keine Sorge, auch ungewöhnliche und schwierige Zeiten haben irgendwann mal ein Ende.

## BLEIBEN SIE GESUND UND MUNTER!

# INHALT

## VIREN

## BAKTERIEN

### DEFINITION

Sie schleusen ihr Erbgut in die Wirtszellen anderer Lebewesen ein und bringen sie dazu, nur noch Viruspartikel zu produzieren.

### DEFINITION

Sie sind die einfachste Lebensform auf unserem Planeten, vermehren sich im Organismus, ohne dessen Zellen zu zerstören.

## GEMEINSAMKEITEN

- Kleine Organismen
- Unsichtbar für das menschliche Auge
- Kein wahrnehmbarer Geruch
- Erkennbar durch auftretende Krankheitssymptome

### UNTERSCHIEDE

1. Verbreiten sich durch Übertragung

2. Sind immun gegen Antibiotika. Ein Impfstoff mit Virostatika (antiviralen Medikamenten) kann helfen.

3. Benötigen Zellen anderer Lebewesen um zu überleben

4. Zwischen 22 und 330 Nanometern groß

### UNTERSCHIEDE

1. Vermehren sich eigenständig

2. Können mit Antibiotika behandelt werden

3. Sind Lebewesen

4. Bis zu 2 Mikrometer groß und damit 100 mal größer als Viren

### BEISPIELE

Influenza, Corona, Erkältung

### BEISPIELE

Streptokokken, Tuberkulose, Keuchhusten

# GUT ZU WISSEN
# INFEKTIONSKRANKHEITEN

Sie begegnen uns täglich, so gut wie jeder hatte schon mal
mit ihnen unfreiwillig zu tun: Viren und Bakterien. Beide können uns
krank machen, und oft sind die Krankheitssymptome, die sie verursachen,
sehr ähnlich. Doch behandeln lassen sie sich nicht mit den gleichen
Methoden. Was ist der Unterschied zwischen einer viralen und einer
bakteriellen Infektion?

Eine Behandlung mit Antibiotika ist bei einer viralen Infektion nicht möglich. Bei
einer Erkrankung versucht das Immunsystem den
Erreger zu bekämpfen. Entsprechende Impfstoffe können einige
Vireninfektionen verhindern, allerdings nicht alle. Zum Beispiel
existiert für die saisonale Grippe (Influenza) eine Impfung, die vor
allem für Personen aus Risikogruppen (Patienten über 60 Jahre
und/oder mit chronischen Erkrankungen, wie z.B. Herzkrankheiten oder Diabe-
tes mellitus) sinnvoll sein kann.

Zu berücksichtigen ist hierbei, dass sich die Grippeviren jährlich
verändern können, mit der Folge, dass der Impfstoff jedes Jahr neu produziert
werden muss.

Eine weitere Schwierigkeit stellen neue Viruserkrankungen wie das Ende 2019
ausgebrochene Coronavirus dar. Hierbei handelt es sich um eine Atemwegs-
infektion, das Virus charakterisiert sich durch seine grippeähnlichen Symptome und die Art der Ansteckung. Übertragen wird es über Tröpfcheninfektion;
die Inkubationszeit kann zwischen 2 und 14 Tagen liegen. Was sonst über das
Virus bekannt ist: Normalerweise ist der Krankheitsverlauf recht milde. Das
Ansteckungsrisiko ist allerdings hoch. Erschwerend kommt hinzu, dass die Erkrankung durch das Virus für Personen, die einer Risikogruppe angehören, also
Personen >60 Jahren und Menschen mit Vorerkrankungen, schwerwiegend
und sogar tödlich verlaufen kann.

# CORONA, GRIPPE & ERKÄLTUNG ...

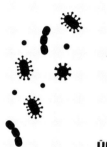

## GRIPPE

### GEMEINSAMKEIT: ÜBERTRAGUNGSWEG

Atemwegsinfektionen, die über direkten Kontakt mit Erkrankten oder über Tröpfcheninfektion weitergegeben werden

### INKUBATIONSZEIT

Startet schnell

### SYMPTOME

Typisch für eine Influenza-Infektion, also eine Grippe, sind neben trockenem Husten und plötzlich einsetzendem, oft hohem Fieber auch ein starkes Krankheitsgefühl sowie Kopf-, Muskel- und Gelenkschmerzen.

## ERKÄLTUNG

### GEMEINSAMKEIT: ÜBERTRAGUNGSWEG

Atemwegsinfektionen, die über direkten Kontakt mit Erkrankten oder über Tröpfcheninfektion weitergegeben werden

### INKUBATIONSZEIT

Verläuft schleichend

### SYMPTOME

Oft schmerzt zunächst nur der Hals, der Husten kommt in der Regel erst später dazu. Man fühlt sich zwar krank, aber nicht so vollkommen kraftlos wie bei einer echten Grippe.

# ... EINE ÜBERSICHT

## CORONA

### GEMEINSAMKEIT: ÜBERTRAGUNGSWEG

Atemwegsinfektionen, die über direkten Kontakt mit Erkrankten oder über Tröpfcheninfektion weitergegeben werden

### INKUBATIONSZEIT

Bis zu 2 Wochen

### SYMPTOME

Grippeähnliche Symptome, vor allem Fieber, Husten und Atemnot. Es kann zu Atemproblemen bis hin zu einer Lungenentzündung kommen.

Letztendlich ist es bei allen Erkrankungen, viral oder bakteriell, notwendig, sich über entsprechende Schutzmaßnahmen zu informieren.

**Auf den Seiten 10–13** finden Sie Informationen darüber, was Sie tun können, um sich und Ihre Mitmenschen vor Infektionen zu schützen.

## HEILUNG

Die Behandlung ist bei diesen Krankheiten symptomatisch. Im Grunde kann man nur auf das Immunsystem des Körpers und seine Abwehrreaktion gegen die verschiedenen Erreger vertrauen. Dabei helfen Ruhe, viel Wasser trinken. Nach Beratung durch einen Arzt können bei Bedarf fiebersenkende Medikamente eingenommen werden.

# DIE 10 WICHTIGSTEN HYGIENETIPPS

Viele Erreger wie Viren und Bakterien begegnen und häufig im Alltag. Einfache Hygienemaßnahmen tragen dazu bei, sich und andere vor ansteckenden Infektionskrankheiten zu schützen.

## 1 REGELMÄSSIG HÄNDEWASCHEN

- beim nach Hause kommen
- vor und während der Zubereitung von Mahlzeiten
- vor dem Essen
- nach dem Benutzen der Toilette
- nach dem Naseputzen, Husten oder Niesen
- vor und nach dem Kontakt mit Erkrankten
- nach dem Kontakt mit Tieren

## 2 HÄNDE GRÜNDLICH WASCHEN

- Hände unter fließendes Wasser halten
- von allen Seiten gründlich mit Seife einreiben
- dabei mindestens 20–30 Sekunden Zeit lassen
- unter fließendem Wasser abwaschen
- mit einem sauberen Tuch vollständig abtrocknen

## 3 HÄNDE AUS DEM GESICHT FERNHALTEN

- mit ungewaschenen Händen nicht an Mund, Augen und Nase fassen

## 4 RICHTIG HUSTEN UND NIESEN

- beim Husten und Niesen Abstand von anderen halten und wegdrehen
- ein Taschentuch benutzen oder die Armbeuge vor Mund und Nase halten

## 5 IM KRANKHEITSFALL ABSTAND HALTEN

- zu Hause auskurieren
- auf enge Körperkontakte verzichten, solange man ansteckend ist
- in einem separaten Raum aufhalten und wenn möglich eine getrennte Toilette benutzen
- Essgeschirr oder Handtücher nicht mit anderen gemeinsam benutzen

## 6 WUNDE SCHÜTZEN

- Wunden mit einem Pflaster oder Verband abdecken

## 7 AUF EIN SAUBERES ZUHAUSE ACHTEN

- insbesondere Küche und Bad regelmäßig mit üblichen Haushaltsreinigern säubern
- Putzlappen nach Gebrauch gut trocknen lassen und häufig auswechseln

## 8 LEBENSMITTEL HYGIENISCH BEHANDELN

- empfindliche Nahrungsmittel stets gut gekühlt aufbewahren
- Kontakt von rohen Tierprodukten mit roh verzehrten Lebensmitteln vermeiden
- Fleisch auf mindestens 70 °C erhitzen
- Gemüse und Obst gründlich waschen

## 9 GESCHIRR UND WÄSCHE HEISS WASCHEN

- Ess- und Küchenutensilien mit warmem Wasser und Spülmittel oder in der Spülmaschine reinigen
- waschen Sie Spüllappen und Putztücher, sowie Handtücher, Waschlappen, Bettwäsche und Unterwäsche bei mindestens 60 °C

## 10 REGELMÄSSIG LÜFTEN

- geschlossene Räume mehrmals täglich für einige Minuten lüften

# DAS RICHTIGE HÄNDEWASCHEN

Hände sind die häufigsten Überträger von Krankheits-
erregern. Häufiges und vor allem richtiges Händewaschen
kann nachweislich davor schützen. Im Folgenden eine
kleine Anleitung, wie es richtig geht.

1. Hände unter
fließendes Wasser
halten.

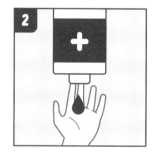

2. Seife dem Spender
entnehmen.

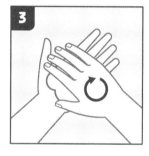

3. Die Seife in kreisen-
den Bewegungen auf den
Handflächen verteilen.

4. Beide Handrücken
mit Seife einreiben.

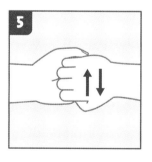

5. Die Fingerzwischen-
räume schrubben.

6. Auch die Finger-
knöchel- und Ober-
flächen gut einreiben.

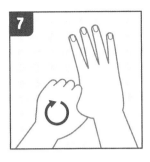

7. Die Daumen säubern.

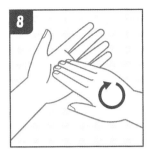

8. Fingernägel und Fingerspitzen ebenfalls gut mit Seife einreiben.

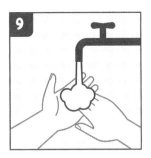

9. Hände unter fließendem Wasser gut abspülen.

10. Mit einem Einmalhandtuch gut abtrocknen.

11. Mit dem Handtuch das Wasser abdrehen.

12. Tadaa – Ihre Hände sind sauber!

# HANDDESINFEKTIONSMITTEL AUFTRAGEN

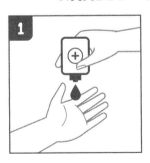

1. Desinfektionsmittel in eine Handfläche geben.

2. Hände aneinander reiben.

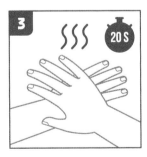

3. Das Desinfektionsmittel auf allen Bereichen der Hand verteilen, bis es trocknet (ca. 20 Sekunden).

# DIY-PROJEKTE GEGEN LANGEWEILE

Man kann ja nicht den ganzen Tag nur seinen Kochkünsten widmen. Wie wäre es, sich schon mal um ein paar selbst gemachte Geburtstags- oder Weihnachtsgeschenke für seine Liebsten zu kümmern?

# HÜBSCHE BESTECK-TASCHE

Wer den Tisch auch für sich selbst schmückt, dem ist ein schönes Frühstück oder Dinner garantiert.

## MATERIAL

- Aquarellpapier, satiniert, 300 g/m$^2$
- Baumwollkordel
- Bleistift
- 2 Brush Pens wasserbasiert, in 2 Farbnuancen (z. B. helles & dunkles Rosa)
- Fineliner schwarz
- Kleber
- Locher oder Lochzange
- Papiertasche natur
- Schere

## SO GEHT'S

1. Zeichnen Sie ein Ei (Höhe 10 cm, breiteste Auswölbung 7 cm) auf Papier vor. Anschließend das Ei ausschneiden und an den beiden langen Seiten lochen.

2. Namen leicht vorskizzieren und darauf achten, dass im Anfangsbuchstaben genug Platz für die Farbe bleibt. Die Bleistiftlinien mit dem Fineliner nachziehen. Zeichnen Sie damit auch ein etwas kleineres Ei auf (Abstand zum Rand ca. 1,5 cm). Auf die Linie können Sie nun Blätter setzen, Punkte einbauen und diese entweder weiß lassen oder auch schwarz anmalen.

3. Wenn die erste Skizze trocken ist, geht es ans Blending des Anfangsbuchstabens. Im ersten Schritt wird sein gesamter Innenraum mit dem Brush Pen in der helleren Farbe schattiert.

4. Malen Sie mit der zweiten Farbe das obere Drittel des Buchstabens aus.

5. Mit einem Blender oder Pinsel und Wasser kann ein guter Farbverlauf geschaffen werden. Arbeiten Sie dabei von oben nach unten.

6. Schneiden Sie die Papiertasche seitlich jeweils 8 cm der Länge nach ein und falten Sie den vorderen Teil (ca. 1,5 cm breit) so lange, bis die Einschnittstelle erreicht ist. Kleben Sie sie dann an der Unterseite fest.

7. Ist das fertig geletterte Ei trocken, ziehen die Kordel durch ein Loch. Legen Sie das Ei auf die Bestecktasche, führen Sie den Faden von hinten durch das nächste Loch. Verknoten Sie die Kordel hinten.

# KUNSTVOLLER BRIEFUMSCHLAG

Back to the Roots. Wer seine Lieblingsmenschen nicht besuchen darf, kann trotzdem mit ihnen kommunizieren. Nicht per SMS, sondern ganz romantisch mit einem Brief.

## MATERIAL

- Aquarellpapier 150 g/m$^2$
- Bleistift HB
- Radiergummi
- Fasermaler schwarz
- Aquarellfarbe
- Aquarellpinsel Größe 2
- Wasserbehälter
- Papiertuch
- Umschlag
- Zirkel
- Klebestift

## SO GEHT'S

1. Den Umschlag auf das Aquarellpapier legen, sodass der Umschlag ca. 1 cm über das Papier herausragt. Umranden Sie den Umschlag mit einer feinen Bleistiftlinie.

2. Schneiden Sie das vorgezeichnete Inlay aus, zeichnen Sie jeweils links und rechts einen dünnen Rand von ca. 3 mm an und schneiden diesen ab. Überprüfen Sie, ob das Inlay in den Briefumschlag passt.

3. Zeichnen Sie mithilfe eines Zirkels einen kleinen Kreis in das Inlay ein: Wenn der Umschlag geöffnet ist, sollte der Kreis ungefähr in der Mitte liegen.

4. Aquarellieren Sie nun unterschiedlich große Blumen über das gesamte Inlay und lassen Sie den vorgezeichneten Kreis frei.

5. Nun die Initialen in den vorgezeichneten Kreis skizzieren und nachlettern. Um den Kreis ein wenig auszufüllen, können Sie mit Schnörkeln und kleinen Sprenkeln ergänzen.

6. Kleben Sie das Inlay nur an dem oberen Teil des Umschlags, also an der beweglichen Lasche, fest. Beim Verschließen des Umschlags benötigt das Inlay nämlich Raum, sich zu bewegen.

# TAGS MIT WASSER-FARBEN

Chaos in der Vorratskammer? Dann wird es Zeit, mit ein paar wunderschönen Tags Ordnung und Übersicht zu schaffen.

## MATERIAL

- Aquarellpapier
- Wasserfarben
- Pinsel
- Vorlage zum Download unter emf-verlag.de/diy
- Schere
- Bleistift
- schwarzer Filzstift
- Locher
- buntes Garn

## SO GEHT'S

1. Legen Sie das Aquarellpapier bereit und toben Sie sich mit vielen verschiedenen Wasserfarben darauf aus. Dabei möglichst viel Wasser verwenden. Besonders schöne Effekte erzielen Sie, wenn Sie mit einer zweiten Farbe auf eine erste, noch nasse Farbe tupfen. Lassen Sie die Farben gut trocknen.

2. Drucken Sie die Vorlage für den Anhänger aus und schneiden Sie sie aus. Diese dann auf das Aquarellpapier legen und den Anhänger vorzeichnen.

3. Jetzt können Sie Ihrer Fantasie mit einem schwarzen Filzstift freien Lauf lassen: Malen Sie auf das Wasserfarbenmuster Punkte, Streifen etc. Schneiden Sie den Anhänger anschließend aus.

4. Zuletzt mit dem Locher ein Loch in die obere Mitte des Anhängers stanzen. Fädeln Sie anschließend buntes Garn durch das Loch und befestigen Sie den Anhänger an allem, was sie beschriften wollen.

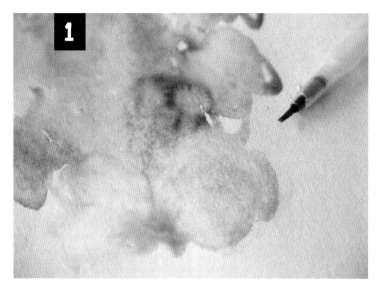

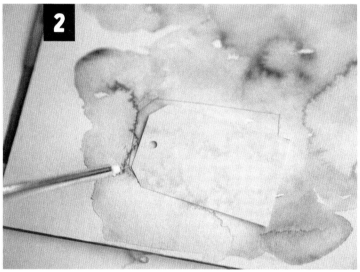

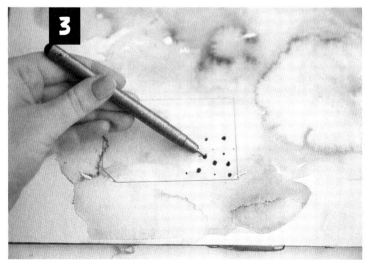

# HEXAGON-MOBILE

Genug auf den Home-Office-Bildschirm gestarrt? Dann erfreuen sich Ihre Augen ganz besonders an diesem Mobile.

## MATERIAL

- DIN-A3-Stück dicke Graupappe (jede andere feste Pappe geht auch)
- DIN-A3-Blatt weißes Papier
- Zirkel
- Geodreieck & Lineal (durchsichtig)
- Bleistift
- Cutter & Schneideunterlage
- Masking-Tape
- Acrylfarbe o. Ä., in verschiedenen Tönen
- weißes, reißfestes Garn
- flüssiger Kleber

## SO GEHT'S

1. Zunächst muss die Hexagon-Vorlage konstruiert werden. Falten Sie dafür zunächst das A3-Blatt einmal längs und einmal quer in der Mitte. Nun haben Sie Ihren Mittelpunkt.

2. Zeichnen Sie mit dem Zirkel um den entstandenen Mittelpunkt einen Kreis in der gewünschten Größe.

3. Behalten Sie exakt den Radius des Zirkels für den Kreis bei und stechen Sie mit der Zirkelspitze in einen Schnittpunkt der Kreislinie mit einer beliebigen Mittelfalte. Machen Sie einen Zirkelstrich auf die Kreislinie. Stechen Sie genau dort wieder mit dem Zirkel ein und machen Sie die nächste Markierung auf dem Kreis. Fahren Sie so fort, bis Sie wieder bei der ersten Einstichstelle angekommen sind.

4. Verbinden Sie die Punkte innerhalb des Kreises mit geraden Linien miteinander – jetzt haben Sie Ihr erstes Hexagon!

5. Zeichnen Sie nun von den Eckpunkten des Hexagons durch die Mitte zum jeweilig gegenüberliegenden Eckpunkt eine gerade Linie.

6. Mittels Parallelverschiebung (hierfür brauchen Sie

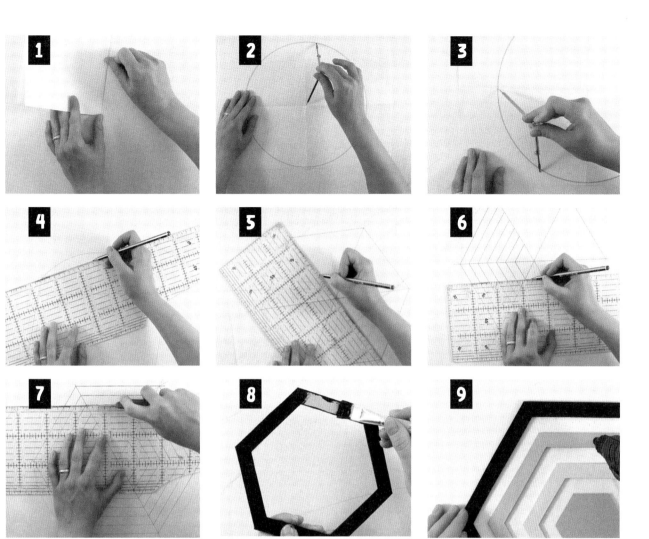

das Geodreieck oder ein anderes durchsichtiges Lineal mit Linien), zeichnen Sie nun 4–5 weitere, immer ca. 1,5 cm kleiner werdende Hexagone in das große Hexagon.

7. Kleben Sie die so entstandene Vorlage mit Masking-Tape auf die Pappe. Legen Sie die Pappe auf eine ausreichend große Schneideunterlage und schneide die einzelnen Hexagone mit Cutter und Lineal vorsichtig und möglichst exakt aus.

8. Nehmen Sie immer ein Zwischenhexagon heraus. So entstehen zwei Mobiles.

9. Malen Sie die einzelnen Hexagone mit unterschiedlichen Farben an und lassen Sie sie trocknen.

10. Legen Sie die beiden Mobiles exakt so aus, wie sie später hängen sollen, markieren Sie an allen Teilen den Mittelpunkt des oberen Balkens.

11. Schneiden Sie ein langes Stück vom Garn ab und tropfen Sie jeweils einen kleinen Tropfen Kleber auf die markierten Punkte. Beginnen Sie am innersten Hexagon und legen Sie den Faden in den Kleber, spannen Sie den Faden, sodass er den exakten Abstand zum nächsten Hexagon aufnimmt, und kleben Sie ihn in den Klebepunkt des nächstgrößeren Hexagons usw.

# TÜRSCHILD „HERZLICH WILLKOMMEN"

Home sweet home. Ein selbst gelettertes Türschild gibt dem eigenen Heim einen wunderbaren persönlichen Touch.

## MATERIAL

- Aquarellpapier 300 g/m²
- Transparentpapier
- Bleistift HB
- Radiergummi
- Lineal
- Brush Pen mit Acrylspitze
- Aquarellpinsel Größe 8 und 10
- Aquarellfarbe
- 2 Wasserbehälter
- Papiertuch
- Schere
- Garn
- Metallring Ø 20 cm
- Heißklebepistole

## SO GEHT'S

1. Überlegen Sie, welche und wie viele Blumen und Blätter Sie an Ihrem Kranz anbringen möchten. Aquarellieren Sie dann die ausgewählten Blumen und Füllelemente auf das Aquarellpapier. Die Anordnung ist dabei egal, da die Motive später ausgeschnitten werden.

2. Für die Blätterzweige gibt es eine kleine Hilfestellung, damit sie sich später in die Rundung des Rings einfügen: Legen Sie den Metallring auf das Aquarellpapier und ziehen Sie eine feine Bleistiftlinie am Ring entlang; so lang, wie Ihr Blätterzweig werden soll. Wiederholen Sie dies für jeden Blätterzweig. Dabei kann die Länge eines Zweiges variieren, damit es am Ende natürlicher aussieht.

3. Nun aquarellieren Sie die Blätter an die vorgezeichneten Rundungen. Warten Sie, bis alles getrocknet ist, und schneiden Sie dann die einzelnen Elemente mit der Schere aus.

4. Im nächsten Schritt schneiden Sie einen Streifen vom Transparentpapier aus, der etwas länger als der Durchmesser des Rings ist und etwa eine Höhe von 4 cm hat.

5. Danach skizzieren Sie Ihr Lettering mit einem Bleistift vor. Achten Sie dabei darauf, dass Sie genügend Freiraum zwischen den Buchstaben lassen und das Lettering etwas länger ziehen.

6. Anschließend lettern Sie die Skizze mit einem Brush Pen nach. Warten Sie dabei aber unbedingt ab, bis das Lettering getrocknet ist, bevor Sie die Bleistiftlinien wegradieren.

7. Nun setzen Sie alle Teile auf dem Metallring zusammen: Beginnend mit dem beletterten Transparentpapierstreifen, den Sie mittig platzieren und mit einer Heißklebepistole festkleben.

8. Als Nächstes kleben Sie alle Blätterzweige mit der Heißklebepistole fest.

9. Zum Schluss ergänzen Sie die Blumen und Füllelemente und platzieren Sie sie zwischen den Blätterzweigen.

# STAY ORGANISED-
# KALENDER-
# BLATT

Zählen Sie schon die Tage zu einem bestimmten Ereignis? Dann macht der Blick auf ein selbstgestaltetes Kalenderblatt doppelt Freude.

## MATERIAL

- Aquarellpapier 24 x 32 cm, 300 g/m$^2$
- Bleistift HB
- Radiergummi
- Fasermaler schwarz
- Lineal
- Aquarellfarbe
- Aquarellpinsel Größe 6 und 8
- 2 Wasserbehälter
- Papiertuch

## SO GEHT'S

1. Im ersten Schritt zeichnen Sie im unteren Bereich des Blattes ein Rechteck ein, in das Sie später die Monatszahlen eintragen.

2. Skizzieren Sie unterschiedlich große und verschiedentlich ausgerichtete Wassermelonen über das Kalenderblatt und lassen dabei das zuvor gezeichnete Rechteck frei.

3. Anschließend aquarellieren Sie die Wassermelonen.

4. Skizzieren Sie nun im oberen Teil den Namen des Monats und die Zahlen in das Rechteck.

5. Lettern Sie den Namen des Monats mit einem Aquarellpinsel der Größe 6 und die Zahlen mit einem Fasermaler nach.

6. Zum Schluss setzen Sie kleine Akzente mit Wassermelonenkernen, die Sie über das gesamte Kalenderblatt verteilen.

# August

| | | | | | | |
|---|---|---|---|---|---|---|
| 1 | 2 | 3 | 4 | 5 | 6 | 7 |
| 8 | 9 | 10 | 11 | 12 | 13 | 14 |
| 15 | 16 | 17 | 18 | 19 | 20 | 21 |
| 22 | 23 | 24 | 25 | 26 | 27 | 28 |
| 29 | 30 | 31 | | | | |

# SCHÖNE ERINNERUNGSBOX

Wir erleben so viel Schönes, dass wir die Erinnerungen daran nicht nur auf unseren Smartphones speichern sollten.

## MATERIAL

- Schuhschachtel, in Weiß bemalt oder beklebt
- Bleistift HB
- Fasermaler schwarz
- Lineal
- Radiergummi
- Aquarellfarbe
- Aquarellpinsel Größe 6
- 2 Wasserbehälter
- Papiertuch

## SO GEHT'S

1. Zunächst die Blumen und anschließend Blätter und Füllelemente mit dem Bleistift auf den Deckel der Schachtel skizzieren. Achten Sie dabei darauf, dass Sie die Blumen gleichmäßig arrangieren und genug Platz für das Lettering lassen.

2. Als Nächstes ziehen Sie sich mit einem Lineal eine horizontale und vertikale Linie, um das Layout einzuteilen.

3. Für jedes Wort skizzieren Sie ein Rechteck. Beginnen Sie mit dem Kasten für das Wort „beautiful", das in der Mitte platziert wird. Anschließend setzen Sie sowohl oberhalb als auch unterhalb im Abstand von ca. 1 cm ein Kästchen.

4. Skizzieren Sie nun in die Kästchen Ihre Wörter mit einem Bleistift vor. Achten Sie darauf, dass Sie nur leicht aufdrücken, damit Sie die Bleistiftlinien später gut wegradieren können.

5. Greifen Sie jetzt zu Farben und Pinsel und aquarellieren Sie zunächst die Blumen und lassen Sie sie gut

trocknen. Danach ergänzen Sie die Blätter und Füllelemente.

6. Wenn die Farbe getrocknet ist, lettern Sie mit einem Fasermaler das skizzierte Lettering nach.

7. Zum Schluss können Sie das Lettering mit der angemischten Aquarellfarbe verzieren, indem Sie kleine Sprenkel malen.

# BOOK-LOVER-LESE-ZEICHEN

Wer viel Zeit zu lesen hat, kann ein schönes Lesezeichen immer gut gebrauchen.

## MATERIAL

- Aquarellpapier 300 g/m²
- Bleistift HB
- Radiergummi
- Brush Pen grün
- Fasermaler schwarz
- Lineal
- Aquarellpinsel Größe 1 und 6
- Aquarellfarbe
- 1 Wasserbehälter
- Schere
- Locher
- Garn

## SO GEHT'S

1. Erstellen Sie mit dem Bleistift ein Rechteck mit den Maßen 20 x 6 cm auf das Aquarellpapier und schneiden es mit der Schere aus.

2. Zeichnen Sie im unteren Teil des Rechtecks einen Kaktus vor und aquarellieren Sie ihn anschließend. Lassen Sie diese Schicht trocknen und ergänzen Sie dann die Struktur sowie die Stacheln des Kaktus.

3. Skizzieren Sie dann das Lettering mit dem Bleistift und lettern es mit einem Fasermaler nach. Setzen Sie anschließend neben die Buchstaben einen Schatten mit einem grünen Brushpen.

4. Zum Schluss lochen Sie oben das Lesezeichen. Als Deko-Element können Sie eine Quaste oder einfach schönes Garn durch das Loch ziehen.

# KLEINE PAPIER-VÖGEL

Wer auf die Natur verzichten muss, holt sich mit diesen Papiervögelchen die Natur eben selbst direkt in die Wohnung.

## MATERIAL

- 1 Stück weißer Fotokarton
- 1 Buchseite oder Textseite aus einer Zeitschrift, ca. DIN A4
- 1 Stück Karton für die Schablonen, 15 x 15 cm
- 1 Stück silberfarbener Blumendraht, 6–8 cm lang
- 1 Faden, mindestens 30 cm lang
- Bleistift
- Schere
- Nadel
- Kleber
- schwarzer Fineline

## SO GEHT'S

1. Zunächst bekleben Sie den Fotokarton beidseitig mit dem Textpapier: Eine Seite des Fotokartons mit Kleber bestreichen, mit der Klebefläche nach unten in eine Ecke der Textseite legen, den Fotokarton ausschneiden und bei der anderen Seite des Fotokartons gleichermaßen verfahren.

2. Fertigen Sie dann vier Schablonen aus Karton an. Übertragen Sie die beiden Vogelkörper mit Bleistift auf den vorbereiteten Fotokarton und die beiden Flügel je zweimal auf das unverstärkte Textpapier. Anschließend schneiden Sie sämtliche Teile zu und zeichnen jeweils auf beiden Seiten des Vogels die Augen mit schwarzem Fineliner ein.

3. Die Flügel an der unteren Kante mit der Schere mehrmals einschneiden. Jeweils an der oberen Kante der Rückseite mit etwas Kleber bestreichen und auf beiden Seiten des Vogels ankleben.

4. Für den stehenden Vogel stechen Sie mit der Nadel an der unteren Kante des Vogels nebeneinander zwei Löcher. Zuerst den Blumendraht durch das hintere

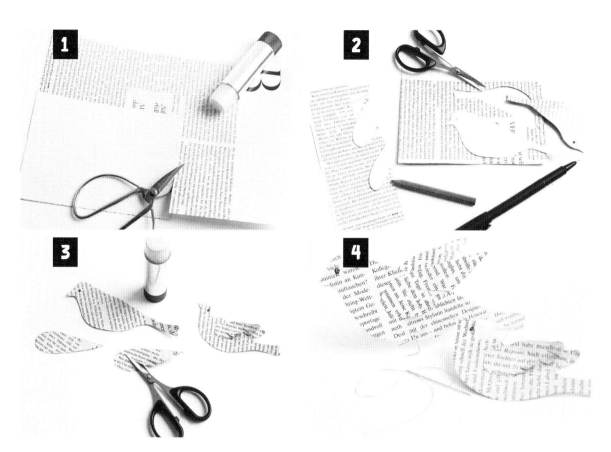

Loch führen und dann jeweils von beiden Seiten durch das vordere Loch. Die beiden Enden erst senkrecht nach unten und dann nach vorne umbiegen, sodass Füße entstehen. Für den schwebenden Vogel ziehen Sie in der Mitte der oberen Kante mithilfe der Nadel den Faden hindurch und verknoten diesen.

# TIPP

Die Vögelchen können Sie auch aus bunt bedruckten Seiten basteln. Probieren Sie verschiedene Varianten aus.

# BUNTES KÜCHEN-TUCH

Ein bisschen frischer Wind in der Küche gefällig? Dann sorgen neue bunte Tücher auf jeden Fall dafür!

## MATERIAL

- 60 cm Leinen oder Baumwollbatist, nach Belieben gemustert (110 cm breit)
- farblich passendes Nähgarn
- Handmaß oder Geodreieck
- Markierstift oder Schneiderkreide
- Nähmaschine

## SO GEHT'S

1. Aufhänger vorbereiten: Falten Sie das kleine Recheck längs mittig zusammen; die linke Seite liegt innen. Bügeln Sie den Bruch, um die Mitte des Aufhängers zu markieren.

2. Klappen Sie das gebügelte Teil wieder auf (die linke Stoffseite liegt vor Ihnen) und falten Sie die beiden Längsseiten jeweils bis zum Bügelfalz, sodass die Kanten in der Mitte aufeinander treffen. Bügeln Sie den Bruch ein.

3. Falten Sie den Streifen noch einmal mittig zusammen, sodass die Kanten aufeinander liegen, und bügeln Sie ihn.

4. Aufhänger knappkantig absteppen:
Stellen Sie den Geradstich ein und legen Sie den Streifen mit den offenen Kanten auf der rechten Seite unter den Nähfuß. Dabei sollte die Nadel etwa 5 mm Abstand zur rechten Kante haben.

5. Schmal versäumen:
Nehmen Sie nun das Schnittteil für das Küchentuch und schlage die Kanten möglichst gleichmäßig 1 cm zur linken Seite um. Bügeln Sie den Umschlag sorgfältig flach.

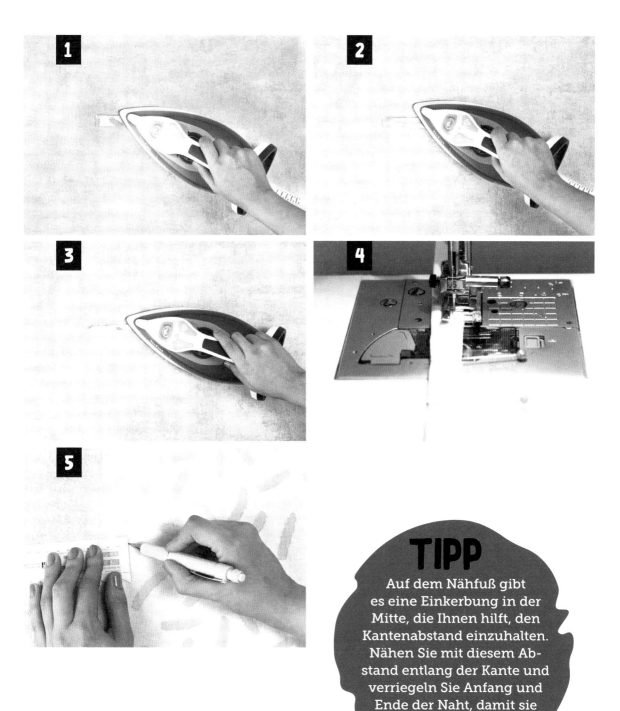

## TIPP

Auf dem Nähfuß gibt es eine Einkerbung in der Mitte, die Ihnen hilft, den Kantenabstand einzuhalten. Nähen Sie mit diesem Abstand entlang der Kante und verriegeln Sie Anfang und Ende der Naht, damit sie später nicht aufgeht.

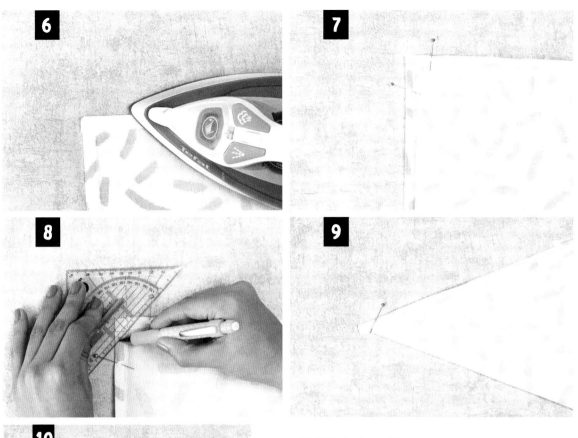

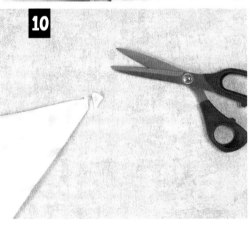

7. Briefecke nähen:
Klappen Sie den äußeren Umschlag wieder auf, der innere bleibt hier umgeschlagen.

8. Zeichnen Sie an dem Punkt, an dem sich die Bügellinie des inneren Umschlags kreuzt, mit einem Handmaß oder einem Geodreieck eine Diagonale im 45-Grad-Winkel zur Ecke des Stoffs.

9. Falten Sie das Teil an der Ecke so rechts auf rechts, dass die beiden Enden der Diagonalen aufeinandertreffen, stecken und nähen Sie die Ecke dann genau auf der Linie ab. Verriegeln nicht vergessen!

10. Kürzen Sie das überstehende Dreieck so, dass ein Abstand von 0,5 cm zur Naht bleibt. Gehen Sie dabei vorsichtig vor, damit Sie nicht in die Naht schneiden.

11. Klappen Sie die obere Ecke der gekürzten Nahtzugabe auf eine Seite. Stülpen Sie die Ecke auf die rechte Seite um und drü-

6. Klappen Sie die Kanten erneut 1 cm um und bügeln Sie sie flach. Die Schnittkanten sind nun im Saum versteckt. Die Ecken des Tuches liegen jetzt übereinander. Nun direkt zu Schritt 12 übergehen oder, als besondere Herausforderung, Briefecken arbeiten.

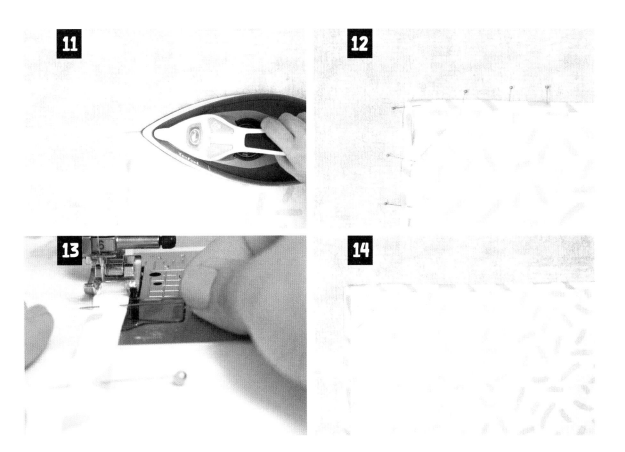

cken Sie sie von innen mit einem stumpfen Stift o. Ä. vorsichtig nach außen, damit eine schöne Spitze entsteht. Bügeln Sie die Brief-ecke flach. Wiederholen Sie den Vorgang an den anderen drei Ecken.

12. Aufhänger platzieren:
Den Aufhänger an einer der Tuchecken unter den Saum schieben, bis die obere Ecke des Aufhängers jeweils an die innere Saum-kante des Tuches stößt. Stecken Sie den Auf-hänger fest und auch den Saum.

13. Saum absteppen:
Legen Sie das Teil mit der linken Seite nach oben unter den Nähfuß. Steppe den Saum (ca. 8 mm breit) knapp entlang der inne-ren Umschlagkante ab. Etwa 8 mm vor den Ecken das Tuch um die Ecke drehen und bis zum Nahtanfang nähen.

14. So sieht das fertige Küchentuch von der linken Seite aus. Bügeln Sie alle Kanten, be-sonders die Ecken.

**TIPP**
Alternativ können Sie auch erst nur eine Kante festnähen, das Stück aus der Nähmaschine nehmen und sich dann die nächste Saumkante vornehmen. Nicht vergessen, die Nähte am Anfang und Ende zu verriegeln.

# STIFTE- BECHER

Aus der Zubereitung einiger Rezepte sind bestimmt ein paar Konservendosen übrig geblieben. Werfen Sie diese nicht weg – verwerten Sie sie einfach neu!

## MATERIAL

- Material
- leere Konservendose
- Tageszeitung

### WERKZEUG

- Malerkreppband
- Schere
- Lineal
- Kugelschreiber
- Schneidematte
- Cutter
- Stricknadel
- Kleber
- doppelseitiges Klebeband

## SO GEHT'S

1. Die leere Konservendose säubern und gut abtrocknen. Dann vom Malerkreppband einen Streifen abschneiden und damit die eventuell scharfen Kanten des Dosenrands abkleben.

2. Die Dosenhöhe mit einem Lineal abmessen und somit die Höhe der Zeitungsrollen festlegen. Die Doppelseiten der Zeitung in Einzelseiten teilen. Die Zeitungsseiten quer in die Rollenhöhe unterteilen. Die Streifen mit dem Cutter in der gewünschten Höhe ausschneiden. Für eine kleine Konservendose (Ø 7 cm) werden ungefähr 40 zugeschnittene Papierstreifen gebraucht.

3. Die Stricknadel am Rand des Streifens auflegen und das Papier gleichmäßig bis zum Ende hin aufrollen. Dann die Stricknadel herausziehen. Am besten geht das, wenn Sie die Stricknadel ein wenig hin und her drehen. Das Streifenende anschließend mit Klebstoff an der Rolle festkleben.

4. Die Konservendose ringsum mit doppelseitigem Klebeband bekleben. Die erste Rolle senkrecht festkleben. Danach die restlichen Rollen ganz dicht nebeneinander auf das Klebeband drücken. Fertig!

# ORIGAMI-SCHMETTERLING

Mit dem Origami-Schmetterling wird der Alltag gleich bunter, fröhlicher und sommerlicher.

## MATERIAL

- quadratisches (Origami-)Papier, gemustert

**TIPP**

Sollten Sie kein Origami-Papier im Haus haben: Zeitungspapier hat man immer irgendwo. Dieses einfach quadratisch zuschneiden.

## SO GEHT'S

1. Legen Sie das Blatt Papier mit dem Muster nach oben und falten Sie die beiden parallelen Mittellinien.

2. Öffnen Sie das Faltwerk, wenden Sie das Blatt Papier und falten anschließend die beiden Diagonalen.

3. Öffnen Sie das Ergebnis erneut und legen die Seite mit dem Muster nach oben. Schieben Sie die Ecken nun aufeinander zu, sodass ein Dreieck entsteht. Ein Teil des Papieres verschwindet dabei im Inneren des Dreiecks.

4. Legen Sie das Dreieck mit der langen Kante nach oben und falten die obere Lage der Ecken rechts und links auf die untere Ecke.

5. Wenden Sie das Faltwerk.

6. Falten Sie die obere Lage der unteren Ecke nach oben, sodass die Ecke etwa 1 cm über der Kante liegt.

7. Wenden Sie das Ergebnis und falten die überstehende Ecke an der Kante nach unten.

8. Nehmen Sie das Faltwerk in die Hand und falten es fest an der senkrechten Mittellinie zwischen den Flügeln.

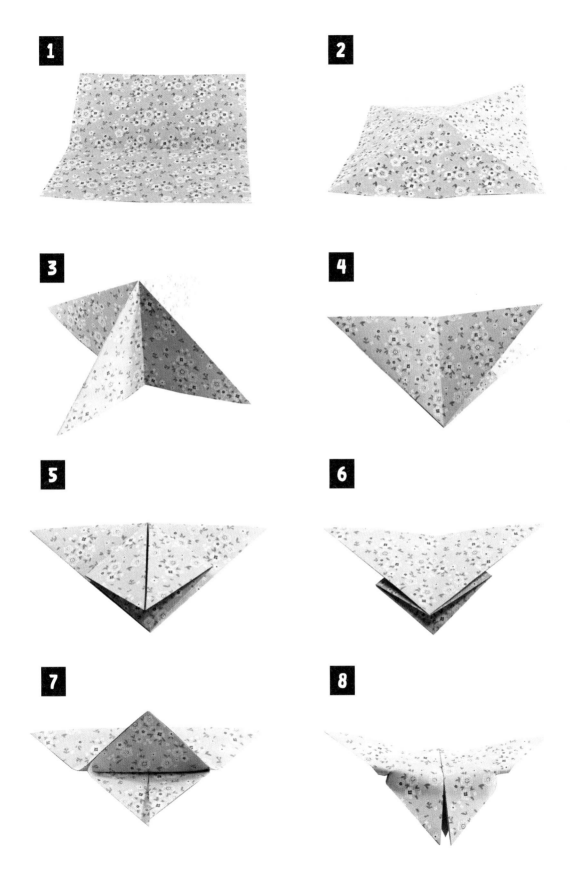

# GEOMETRISCH BESCHIRMT

Die perfekte Lampe zu finden, ist gar nicht so leicht. Aber mit einem schlichten Lampenschirm und etwas Farbe lässt sich ein ganz besonderes Unikat zaubern.

## MATERIAL

- Lampenschirm aus Stoff
- Malerkrepp
- Lineal
- weicher Bleistift
- Textilfarbe
- Pinsel

## SO GEHT'S

1. Im ersten Schritt wird der Lampenschirm mithilfe des Malerkrepps in zwei gleich große Streifen eingeteilt. Nutzen Sie Lineal und Bleistift, um die Mitte des Schirms an einzelnen Punkten zu markieren, verbinden Sie anschließend die Punkte mit dem Klebeband. Die Kante des Klebebands mit dem Bleistift nachfahren.

2. Nun das Malerkrepp entfernen und das Midcentury-Muster mit dem Bleistift vorzeichnen. Nutzen Sie dafür das Lineal sowie das runde Malerkrepp als Schablone. Auch ein Glas oder ein anderer runder Gegenstand kann als Schablone für die Kreise dienen.

3. Jetzt müssen die einzelnen Flächen mit den Textilfarben ausgemalt werden. Achten Sie dabei darauf, insgesamt nicht mehr als vier verschiedene Farben zu verwenden. Auch sollten die Farben zum Teil aus ähnlichen Farbfamilien stammen, um ein harmonisches Ergebnis zu erzielen.

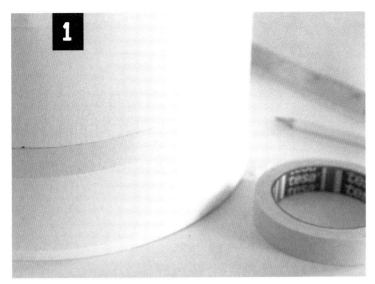

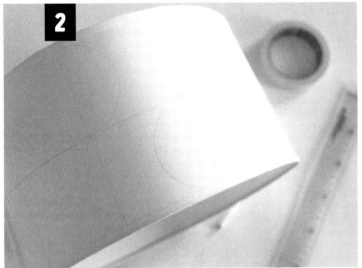

# AQUARELL
# FLOWERHOO

Ein Flower-Hoop in der angesagten Watercolor-Technik macht sich wunderschön auf einer Karte, als Geschenkanhänger oder im größeren Format als Papier-Blumenkranz an der Wand.

## MATERIAL

- Wasser- oder Aquarellfarben
- Mischpalette
- Aquarellpapier (200 g/m²)
- Pinsel
- Wasserbehälter
- Papiertuch
- Zirkel/rundes Gefäß
- Bleistift
- Radiergummi

## SO GEHT'S

1. Am besten legen Sie für dieses Motiv vorab fest, welche Farben im Kunstwerk vorkommen sollen. Somit stellen Sie sicher, dass das Gesamtbild nicht zu bunt wird. Dies funktioniert beispielsweise mithilfe einer Farbkarte. Darauf malen Sie in kleinen Rechtecken diejenigen Farben auf ein Stückchen Papier, die Ihr Motiv beinhalten soll, und sehen, wie sie miteinander harmonieren. Zeichnen Sie dann mit Bleistift das Motiv vor. Verwenden Sie für den Kreis am besten einen Zirkel oder ein rundes Gefäß.

2. Für die Blütenblätter malen Sie zunächst die Form der Blüte und nehmen dann etwas Wasser auf. Damit wischen Sie vom äußeren Rand hin zur Blütenmitte und verteilen dadurch die Farbe. Den Blütenstaub fügen Sie hinzu, wenn die Blüte getrocknet ist. Achten Sie bei der Rosenknospe darauf, dass Sie zwischen dem größeren
Teil der Blüte und dem feinen Strich rechts daneben eine dünne weiße Fläche lassen. Dadurch wird die Knospe als solche erkennbar.

3. Nun kommen die Blätter an die Reihe. Sie entstehen jeweils durch lediglich zwei Pinselstriche. Mit einer weißen Fläche in der Mitte des Blatts kann optisch eine Reflexion erzeugt werden.

4. Wählen Sie für die kleinen Blätter einen anderen Grünton. So erzeugen Sie einen weiteren Farbakzent, wodurch das Bild in sich noch stimmiger wirkt.

# DIY- VASEN

Das Altglas stapelt sich in der Vorratskammer? Dann kann man ihm mit etwas Farbe einen neuen Look und Zweck verpassen.

## MATERIAL

- Spülmittel
- Altglas
- Kreppband
- Sprühlack

## SO GEHT'S

1. Reinigen Sie das Altglas gründlich und entfernen Sie im Wasserbad Etiketten rückstandslos. Verwenden Sie beim Reinigen ein wenig Spülmittel, um eventuelle Fettrückstände zu lösen. Trocknen Sie das Glas anschließend gut ab.

2. Bekleben Sie das Glas in der Mitte rundherum mit Kreppband. Dieser Streifen wird nicht lackiert. Bei der Dicke des Streifens können Sie nach Belieben variieren

3. Am besten lassen sich die Vasen mit Sprühlack färben. Haben Sie noch Flüssiglackreste übrig, können Sie das Glas auch bepinseln. Arbeiten Sie bei der Verwendung von Lack immer im Freien und mit einer geeigneten Unterlage. Besprühen oder bepinseln Sie die freien Flächen des Glases. Sprühen Sie aber nicht in das Glas hinein, da die abgeklebte Fläche sonst von innen gefärbt wird.

4. Lassen Sie Ihre Vasen mehrere Stunden an der frischen Luft trocknen, damit der Lack vollständig aushärten kann. Anschließend können Sie die neuen alten Vasen endlich mit Wasser füllen und Ihre Lieblingsblumen hineinstellen.

47

**TIPP**

Das verschönerte Altglas dient nicht nur als Vase – Sie können es auch als Stiftehalter oder für Kochlöffel in der Küche verwenden.

# AQUARELL-WASSER-MELONE

Malen beruhigt und wirkt meditativ. Mit sommerlichen Motiven kommt man der warmen Jahreszeit ein Stückchen näher.

## MATERIAL

- Bleistift
- Radiergummi
- Wasser- oder Aquarellfarben
- Mischpalette
- Aquarellpapier (200 g/m²)
- Pinsel
- Wasserbehälter
- Papiertuch

## SO GEHT'S

1. Zeichnen Sie mit dem Bleistift die Form der Wassermelone vor.

2. Vermischen Sie für das Fruchtfleisch ein Rot mit viel Wasser und malen Sie die Fläche damit an. Lassen Sie dabei am unteren Rand einen Streifen für die Schale frei. Arbeiten Sie von links nach rechts – so entsteht fast automatisch ein Verlauf und die Wassermelone wirkt gleich plastischer. Sparen Sie zudem im rechten unteren Bereich eine kleine Fläche als Lichtpunkt aus.

3. Ist die Farbe getrocknet, malen Sie die Schale mit etwas Abstand zum Fruchtfleisch in einem frischen Grün.

4. Waschen Sie den Pinsel danach aus und nehmen Sie klares Wasser auf, mit dem Sie das Grün bis kurz vor das Fruchtfleisch verwischen.

5. Die schwarzen Kerne ergänzen Sie, wenn das Rosa getrocknet ist.

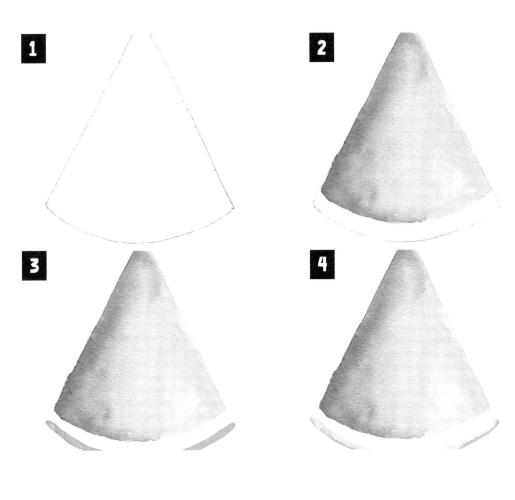

**TIPP**

Dieses Motiv
können Sie z.B. auf
dem selbst gemachten
Kalenderblatt
verwenden.

# BUNTE STOFF-SCHACHTELN

Ein Schuhkarton ist doch immer irgendwo im Haus. Und irgendwo verstecken sich bestimmt ein paar Stoffreste, die den Karton in eine hübsche Schachtel verwandeln können.

## MATERIAL

- Stoffreste, je nach Größe der Schachtel
- Schachtel aus Karton
- Klebestift

### WERKZEUG

- Handmaß
- Stift
- Stoffschere

## SO GEHT'S

1. Legen Sie die Schachtel auf den Stoff und messen Sie mit einem Handmaß die Seiten der Schachtel (in der Höhe und Länge) aus. Geben Sie bei den gegenüberliegenden langen Seiten jeweils 1 cm mehr dazu und übertragen Sie die Maße mit einem Stift, wie auf dem Bild zu sehen, auf den Stoff. Dann schneiden Sie das Stück Stoff mit der Schere aus.

2. Jetzt kleben Sie mit einem Klebestift den Stoff am Boden der Schachtel fest. Dann kleben Sie die längeren Seitenteile an die Schachtel. Geeignet ist dafür ein Klebestift, weil dieser den Stoff nicht durchnässt und ebenso gut hält wie flüssiger Klebstoff.

3. Klappen Sie die überstehenden seitlichen Ränder um die Kanten und kleben Sie sie fest.

4. Nun kleben Sie die Seitenteile fest.

5. Zum Schluss klappen Sie die überstehenden oberen Ränder des Stoffs nach innen um und kleben diese an der Schachtel fest. Für das Einkleiden des Schachteldeckels können Sie genauso vorgehen.

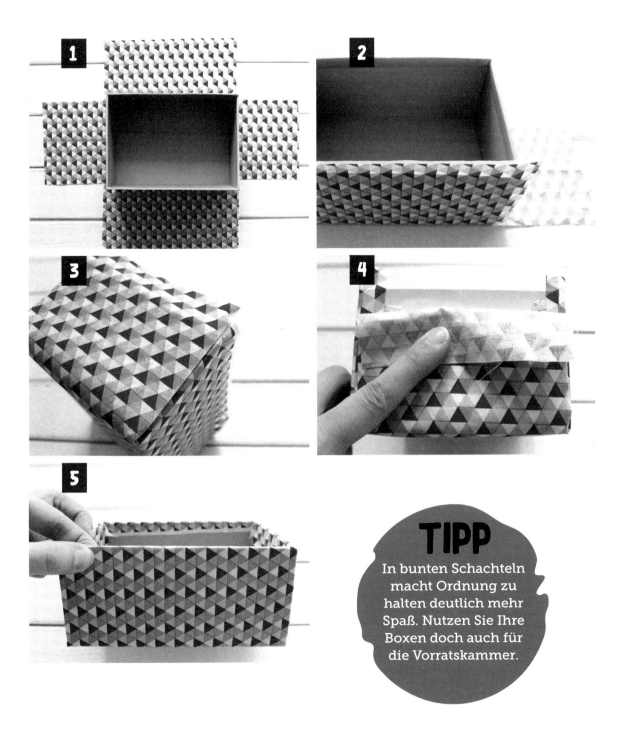

**TIPP**

In bunten Schachteln macht Ordnung zu halten deutlich mehr Spaß. Nutzen Sie Ihre Boxen doch auch für die Vorratskammer.

# RAFFINIERTE BLUMEN-AMPEL

Die Makramee-Blumenampel erlebt gerade ihr Revival! Mit einer grünen Pflanze darin belebt sie graue Balkone oder sterile Wohnungsecken.

## MATERIAL

- Stoffreste, ca. 30–40 cm lang und 3 cm breit
- Sisalkordel
- Holzring
- flüssiger Klebstoff
- Werkzeug
- Stoffschere

## SO GEHT'S

1. Zuerst schneiden Sie sich zahlreiche Stoffstreifen zu. Hierbei müssen Sie nicht ganz exakt arbeiten. Schneiden Sie zudem acht Stücke mit 1,20 m Länge von der Kordel ab.

2. Nun wickeln Sie nach und nach die Stoffstreifen fest um die einzelnen Kordelstücke. Anfang und Ende der Streifen können Sie mit ein wenig flüssigem Klebstoff fixieren.

3. Jetzt ziehen Sie alle Kordelstücke durch den Holzring und verknoten diese direkt unter dem Ring miteinander.

4. Teilen Sie die Kordeln anschließend in vier Zweierpaare auf und knüpfen Sie jeweils auf gleicher Höhe einen Knoten. In diesem Beispiel liegt er bei 20 cm.

5. Anschließend nehmen Sie die Enden der Zweierpaare und verknoten diese weiter unten mit der jeweiligen Nachbarkordel. So entsteht nach und nach ein Netz.

6. Nehmen Sie alle acht Enden und knüpfen daraus einen Knoten. Die Endstücke können Sie mit der Schere auf die gewünschte Länge kappen.

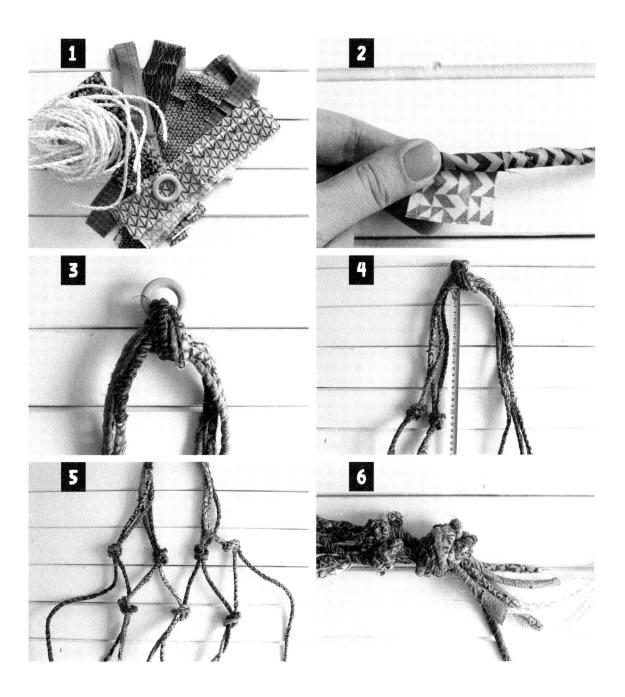

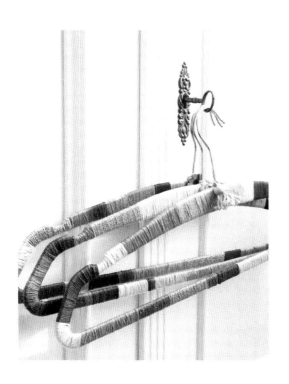

# FRECHE KLEIDER-BÜGEL

Einen alten Kleiderbügel mit ein paar Wollresten umwickeln und somit etwas upcyceln? Bunter kann Beschäftigungstherapie kaum sein.

## MATERIAL

- Kleiderbügel mit ebener Oberfläche
- dünne, bunte Garnreste
- Goldgarn
- Perlen, Knöpfe oder Deko-Elemente zur Verzierung
- Werkzeug
- Schere
- Kleber
- Sticknadel
- kurzer Stift oder Stab

## SO GEHT'S

1. Zunächst sortieren Sie Ihre Wollreste in schöne Farbgruppen, z. B. in Rottöne, Blautöne, gedeckte Töne, Pastelltöne. Hier wurden zusätzlich in jedem Bügel goldene Garnreste kombiniert.

2. Beginnen Sie mit einer Farbe und knoten Sie ein ca. 1–2 m langes Stück seitlich des Hakens an den Bügel.

3. Nun umwickeln Sie den Kleiderbügel. Hilfreich ist es, wenn Sie sich dazu Ihr Garn auf einen kurzen Stift oder Stab wickeln und diesen immer eng und gleichmäßig stramm um den Bügel führen. Je nach Oberflächenbeschaffenheit Ihres Bügels können Sie die zu umwickelnde Fläche vorher dünn mit Kleber benetzen. Hat Ihr Bügel eine rutschhemmende Beflockung, ist dies aber nicht notwendig, wenn Sie eng genug wickeln!

4. Wechseln Sie alle 1–6 cm die Farbe, indem Sie sich unterschiedlich lange Garnstücke abschneiden und an das Ende des jeweils genutzten Fadens knoten.

5. Die Übergangsknoten verstecken Sie, indem Sie die Garnenden hinter dem Knoten auf ca. 1 cm zurückschneiden und gleichmäßig überwickeln. Versuchen Sie so zu knoten, dass die Knoten später immer auf der Rückseite des Bügels sitzen.

6. Für glitzernde Akzente setzen Sie nach Belieben auch Goldgarn ein.

7. Sind Sie auf der anderen Seite des Hakens angekommen, umwickeln Sie diesen mehrmals und fädeln dann Ihren Faden auf eine Sticknadel.

8. Nun ziehen Sie die Nadel unter einige Wickelrunden, ziehen den Faden fest und schneiden ihn kurz ab.

9. Jetzt kann unterhalb des Hakens noch eine Verzierung angeklebt werden. Sie können auch einige farblich passende Perlen auf einen Faden fädeln und diesen am Haken befestigen. Auch kleine Bommel
machen sich sehr dekorativ.

# TIPP

Kleiderbügel sind die perfekten Ordnungshelfer, nicht nur für Klamotten. Auch für Gürtel, Schals oder andere Accessoires eignen sie sich perfekt.

# WOLLKNÄUEL TÜRKRANZ

Kein Zugang zu frischen Blumen für einen Türkranz? Wollreste tun hierfür einen wunderbaren Dienst!

## MATERIAL

- Material
- Kranz-Rohling, Ø 30 cm
- ca. 200 g farblich zusammenpassende Wollreste, z. B. in Natur- und Grüntönen
- Reste von Textilgarn oder breitem Schleifenband

## WERKZEUG

- Schere
- Nägel
- Nadeln
- Hammer
- Heißklebepistole

## SO GEHT'S

1.  Umwickeln Sie Ihren Kranz-Rohling einmal vollständig mit dem Textilgarn oder mit breitem Schleifenband.

2.  Schneiden Sie verschiedene Woll- oder Textilgarnreste von 40 cm Länge ab und binden Sie damit eine Hängeschlaufe um den Kranz.

3.  Zum weiteren Arbeiten hängen Sie den Kranz am besten auf.

4.  Wickeln Sie aus Ihren Resten etwa 50 kleine feste Knäuel mit variierendem Durchmesser von ca. 2–6 cm. Um dabei viele passende farbliche Varianten zu bekommen, können Sie auch 2 oder mehrere Wollreste gleichzeitig miteinander zu einem Knäuel wickeln.

5.  Stecken und hämmern Sie die einzelnen Knäuel dicht an dicht an den Kranz. Wenn Ihre Knäuel zu locker sitzen, können Sie die Heißklebepistole zur Hilfe nehmen und die Knäuel festkleben.

6.  Ist der gesamte Kranz dicht mit Knäueln besteckt, ist er fertig!

**TIPP**

Im Herbst können Sie Ihren Kranz auch zusätzlich mit Zweigen bestecken und in der Weihnachtszeit echte Kugeln untermischen!

# HAPPY SCHRIFT-ZUG

„If you're happy and you know it…"
wickeln Sie Ihre Wollreste um einen
geformten Draht!

## MATERIAL

- Material
- Strickliesel
- farbige Wollreste in
  passender Stärke für
  Ihre Strickliesel
- Blumenbindedraht

## WERKZEUG

- Drahtschere
- Nähnadel
- Hammer
- Nagel

## SO GEHT'S

1. Überlegen Sie, welches Wort Sie „schreiben" wollen.
Hier können Sie sich austoben.

2. Fertigen Sie nach Anleitung Ihrer Strickliesel eine
lange Wollschlange. Hierfür den Fadenbeginn durch
das Loch stecken, alle 4 Drahtschlaufen oben einmal
verkreuzt umschlingen und danach den Faden von
außen um die Drahtschlingen legen. Den unteren
Faden nun reihum stets über den oberen ziehen.

3. Variieren Sie Ihre vorhandenen Farbtöne im Laufe
der Schlange.

4. Legen Sie zwischendurch mit der Schlange immer
wieder das gewünschte Wort, damit Sie abschätzen
können, wie lang Ihre Schlange noch werden muss.

5. Maschen Sie die Strickliesel-Schlange bei
gewünschter Länge (hier etwa 2,5 m) ab.

**TIPP**

In einer bunten Stricklieselschlange können Sie übrigens auch wunderbar Ihr Ladekabel „verstecken"!

6. Ziehen Sie nun einen Bindedraht durch die Schlange. Dabei müssen Sie vorsichtig vorgehen, damit der Draht seitlich nicht aus der Schlange schlüpft! Auf beiden Seiten sollte der Draht etwa 1 m herausschauen. Nun schneiden Sie den Draht ab.

7. Jetzt biegen Sie vorsichtig das gewünschte Wort mit Ihrer Drahtschlange. An den Punkten, an denen sich Überschneidungen ergeben, müssen Sie die Buchstaben zusätzlich mit Nadel und Faden fixieren.

8. Verknüpfen Sie die Drahtenden fest und hängen Sie das Wort an einen Nagel. Nun fixieren Sie an 2–3 weiteren Punkten oberhalb des Worts weitere Drähte und verbinden auch diese mit dem Nagel.

9. Biegen Sie das Wort nochmals in Form, streichen Sie alle Drähte glatt und vernähen Sie die Fäden sauber.

# FRECHER TUKAN

Stifte raus, jetzt wird gezeichnet.
Wie wäre es mit einem fröhlich-frechen
Tukan?

## MATERIAL

- Zeichenpapier/-block
- Bleistift
- Radiergummi
- Anspitzer (optional)

## GUT ZU WISSEN

Beginnen Sie mit dem markanten Schnabel und passen Sie den restlichen Körper in seiner Größe an diesen an.

Dann zeichnen Sie die Augenform, darum herum den weißen „Latz". Die Füße zeichnen Sie zum Schluss – zuvor malen Sie den Ast. Das ist einfacher als andersherum.

Der Körper wird sehr dicht schraffiert, damit er dunkel ist, die Konturen aber noch erkennbar bleiben. Nutzen Sie für den Schnabel Gelb und ein helles Rot und lassen Sie die Farben ineinanderlaufen.

# ZARTER KIRSCHBLÜ- TENZWEIG

Damit Sie in Übung bleiben, gleich noch ein Motiv hinterher.

## MATERIAL

- Zeichenpapier/-block
- Bleistift
- Radiergummi
- Anspitzer (optional)

## GUT ZU WISSEN

Die beiden Blätter an der Spitze bilden den Beginn. In ihre Nähe zeichnen Sie die erste Knospe, erst dann ergänzen Sie den Ast.

An diesen können Sie nach Belieben Blüten, Blätter und Knospen zeichnen. Besonders schön ist es, wenn Sie die Blüten mal von der Seitenansicht und mal in Gänze mit allen fünf Blütenblättern darstellen. Die Staubblätter in der Mitte der Blüten sind wichtig für den Wiedererkennungswert einer Kirsche.

**1**

**2**

**3**

**4**

## TIPP

Versuchen Sie doch mal, dieses Motiv auf Aquarellpapier zu übertragen und mit den entsprechenden Farben zu kolorieren!

# HALTEN SIE SICH GESUND UND FIT

Es kommen immer wieder Zeiten, in denen man
ganz besonders auf sich selbst achten muss.
Trotz der äußeren Umstände dürfen wir nicht außer
Acht lassen, dass die eigene Gesundheit an höchster
Stelle steht. In diesem Kapitel finden Sie wertvolle Tipps
und Übungen, wie Ihnen das auch in
schwierigen Zeiten gelingt.

**Nehmen Sie sich bewusst Zeit für ein paar Gedanken über Dankbarkeit...**

Greifen Sie zu einem Blatt Papier
oder einem Notizbuch und machen Sie sich zu
folgenden Punkten gezielt Gedanken:

Wofür waren Sie heute
besonders dankbar?

Was hat Ihnen in letzter Zeit
besonders gut getan?

In welchen Momenten wurden
Sie besonders unterstützt?

**TIPP**

Machen Sie diese
Übung zu einem Ritual,
das Sie jeden Tag
wiederholen und sich
dabei regelmäßig
selbstreflektieren.

# ÜBUNGEN FÜR
# KÖRPER & GEIST

Körper und Geist können nur dann Höchstleistungen
erbringen, wenn Sie sich regelmäßige Ruhepausen gönnen.
Entspannungsübungen sind ein wichtiger Ausgleich
zwischen beruflichen und privaten Herausforderungen.
Welche die beste Entspannungstechnik für Sie ist,
sollten Sie schrittweise für sich selbst austesten.

# YOGA

Yoga beschäftigt sich ganz bewusst mit dem Geist, dem Ego und diesem sehr menschlichen Mechanismus: Dem Vermeiden unangenehmer Dinge und dem Festhalten angenehmer Dinge. Wenn uns etwas gefällt, möchten wir es besitzen, reproduzieren und immer wieder erleben. Die eher unschönen Dinge möchte man hingegen umgehen oder einfach ignorieren, etwa ein wichtiges, klärendes Gespräch.

### KATZE-KUH

### HERABSCHAUENDER HUND

Mit dieser Bewegungsfolge wird die Wirbelsäule erwärmt. Hier kann man perfekt den Atem auf die Bewegung abstimmen und genauso wie Arme und Finger die Rumpf- und Bauchmuskulatur aufwecken. Bei der Kuh nicht ins Hohlkreuz fallen, immer Länge im unteren Rücken kreieren.

### VIERFÜSSLERSTAND

Platzieren Sie die Hände unter den Schultern, spreizen Sie die Finger und erden Sie vor allem Daumen, Zeige- und Mittelfinger. Platzieren Sie die Knie unter der Hüfte, lassen Sie die Zehen lang und schieben Sie die Zehennägel in die Matte.

### EINATMEN

Bauch schwermachen, heben Sie Herz und Blick und ziehen Sie die Schulterblätter Richtung Wirbelsäule.

### AUSATMEN

Schieben Sie die Matte weg, werden Sie rund im Rücken.

Wiederholen Sie dies im Wechsel mindestens 5-mal.

### AUSATMEN (VERWEILEN)

Kommen Sie aus dem Stand in den herabschauenden Hund.

## DREIBEINIGER HUND

### EINATMEN (VERWEILEN)

Bringen Sie den linken Fuß Richtung
Mittellinie und verlagern Sie das Gewicht
Heben Sie das rechte Bein nach oben
Lassen Sie die Hüfte parallel
Schieben Sie sich aus den Armen weiter
zurück.

### AUSATMEN

Steigen Sie mit dem rechten Fuß zwischen
die Hände
Linkes Knie tief und Zehen lang auf der
Matte ablegen.

## NIEDRIGER AUSFALLSCHRITT

### EINATMEN (VERWEILEN)

Fließen Sie in den niedrigen Ausfallschritt
Das vordere Knie ist weniger als 90 Grad
gebeugt
Bringen Sie die Hände auf den Ober-
schenkel und strecken Sie die Arme
Richten Sie das Becken so weit wie
möglich auf
Lassen Sie die Hüfte sinken, ohne in ein
Hohlkreuz zu fallen, indem Sie in den
rechten Fuß schieben
Dehnen Sie hier die Oberschenkelvorder-
seite und den tiefen Hüftbeuger des hinteren
Beins

## SCHMETTERLING

### EINATMEN

Kommen Sie mit langer Wirbelsäule zum
Sitzen.
Bringen Sie die Fußsohlen zusammen und
lassen Sie die Knie nach außen fallen

### AUSATMEN (VERWEILEN)

Greifen Sie Ihre Füße und lassen Sie sich
nach vorne hängen.

### EINATMEN

Rollen Sie sich hoch zum Sitzen

## BERG

Füße hüftbreit platzieren
Schieben Sie die Füße gleichmäßig in den
Boden, das verlängert nach oben
Neutrales Becken: Bauchnabel leicht nach
innen-oben ziehen und Steißbein herabsinken
lassen
Schultergürtel über die Hüfte.
Schulterblätter sanft nach hinten-unten
schmelzen lassen
Arme locker neben dem Körper lassen und
einen langen Nacken machen
Kinn parallel zur Erde und Blick geradeaus –
 eher leicht nach oben
Kiefer, Zunge und drittes Auge entspannen

## BERG MIT ERHOBENEN ARMEN

### EINATMEN

Heben Sie die Arme über die Seite nach oben
Lassen Sie die Schulterblätter natürlich rotieren
Arme maximal schulterbreit öffnen
Entspannen Sie den Nacken und die Schultern.
Behalten Sie die Ausrichtung des Bergs

## STEHENDE VORWÄRTSBEUGE

### AUSATMEN

Beugen Sie sich von der Hüfte mit langem Rü-
cken kontrolliert nach vorne
Führen Sie die Arme in einem weiten Kreis über
außen Richtung Boden.
Beugen Sie die Knie ein wenig und drehen
Sie die Oberschenkel sanft nach innen.
Rücken so lange wie möglich lang und kräftig
halten.
Beugen Sie die Beine, damit die Hände den Bo-
den berühren, und lassen Sie den Kopf fallen

# NACKEN
# KREISEN

Bei dieser Übung geht es schlicht um die kontrollierte Bewegung der Halswirbelsäule bzw. des Kopfes. Durch die Rotation und Neigung des Kopfes werden die unterschiedlichsten Muskeln der kurzen Nackenmuskulatur angesprochen und durch ein häufiges Wiederholen etwas „besänftigt". Es gilt: Viel hilft viel, also machen Sie die Übungen am besten 20–30-mal und wiederholen Sie diese morgens, mittags und abends.

## AUSGANGSPOSITION

Neigen Sie im Stand oder im aufrechten Sitz den Kopf nach vorn und führen Sie das Kinn zur Brust, bis Sie eine leichte Dehnung spüren. Die Schultern sind dabei tief und entspannt. (1)

## AUSFÜHRUNG

Drehen Sie vorsichtig den nach vorn geneigten Kopf zur Seite, bis Sie wieder eine stärkere Dehnung spüren. Wiederholen Sie den Vorgang mehrfach (20–30-mal) und Sie werden merken, dass Sie mit jeder Bewegung etwas weiter zur Seite schauen können. Diese Übungen sollten Sie zu beiden Seiten ausführen und die schmerzfreie Seite zuerst trainieren. (2+3)

**EXPERTEN TIPP**

In Kombination zu dieser Übung empfehlen wir eine Wärmeanwendung (z. B. unter der warmen Dusche etc.).

# WARM-UP
# & MOBILISATION

Genug gefaulenzt, jetzt bringen Sie sich in
Ihrem Home-Gym in Topform.

## ZOMBIE WALK KICK

## AUSGANGSPOSITION

Stellen Sie sich aufrecht hin, bauen Sie
Spannung im Oberkörper auf und strecken Sie den linken Arm aus.

Absolvieren Sie
den Zombie Walk
Kick für 20 Sekunden
und machen Sie
insgesamt zwei
Durchgänge.

## AUSFÜHRUNG

Rechtes Bein in Richtung der ausgestreckten
Hand kicken. Das Bein sollte dabei möglichst
gestreckt sein. Sofern diese Beinhaltung
jedoch unangenehm oder sogar schmerz-
haft sein sollte, winkeln Sie das Knie leicht
an. Versuchen Sie, mit dem Fuß Ihre Hand zu
berühren (1).
Stellen Sie den Fuß ab und wiederholen Sie
die Bewegung mit dem anderen Arm und
dem anderen Bein (2).

# LOW KICK

## AUSGANGSPOSITION

Stellen Sie sich hin, gehen leicht in die Knie und beugen Sie den Oberkörper etwas nach vorn. Heben Sie die Arme seitlich an (1).

## AUSFÜHRUNG

Knie nach oben kicken und unterhalb der Hüfte stoppen. Stellen Sie das Bein wieder auf und kicken Sie anschließend mit dem anderen Knie nach oben. Führen Sie die Arme in Form der Kreuzkoordination mit, als würden Sie auf der Stelle rennen (2).

# EINBEIN-STAND MIT HALBER KNIEBEUGE

## AUSGANGSPOSITION

Stellen Sie sich auf ein Bein. Winkeln Sie das andere an und halten Sie das Gleichgewicht (1).
Dauer/Wiederholungen: Machen Sie die Low Kicks für mindestens 20 Sekunden. Absolvieren Sie zwei Durchgänge.

## AUSFÜHRUNG

Hände in die Hüfte stemmen und mit dem Gesäß nach hinten gehen. Versuchen Sie nun, so weit wie möglich in die halbe Kniebeuge zu gehen, ohne dass das Knie über die Zehenspitzen rutscht (2).
Dauer/Wiederholungen: Machen Sie innerhalb von 10 Sekunden so viele Wiederholungen, wie möglich. Wechseln Sie anschließend das Bein und arbeiten Sie wieder 10 Sekunden lang.

# ISCHIOCRURALE GRUPPE & LENDENWIRBELBEREICH

## AUSGANGSPOSITION

Legen Sie sich in Rückenlage auf den Boden und strecken Sie die Arme seitlich aus. Ihre Beine sind gestreckt.

## AUSFÜHRUNG

Versuchen Sie nun, mit dem rechten Fuß Ihre linke Hand zu berühren. Drehen Sie dafür Ihr Gesäß und Ihren Rücken ein, um möglichst nah an die Hand zu kommen. Die Schulter darf sich dabei ruhig etwas vom Boden lösen (1).

Führen Sie das Bein in die Ausgangslage zurück und bewegen Sie nun das linke Bein in Richtung der rechten Hand. Wiederholen Sie die Bewegung stets im Wechsel.

Sollten Sie Ihren Fuß aus eigener Kraft nicht mehr näher zur Hand bringen, versuchen Sie, die Bewegungsamplitude am Ende mit kurzen, leichten Pendelbewegungen zu vergrößern. (2)

Dauer/Wiederholungen: Trainieren Sie 20 Sekunden. Absolvieren Sie zwei Durchgänge.

# TRAININGSPLAN WARM-UP

Machen Sie alle vier Übungen hintereinander, um sich vernünftig aufzuwärmen. Jedes Übungsintervall dauert 20 Sekunden. Insgesamt machen Sie zum Warm-up zwei Durchgänge pro Übung.

Sollten Sie nach einer Übung eine Pause benötigen, ist das in Ordnung. Versuchen Sie, nach 10 oder 20 Sekunden Pause mit der nächsten Übung weiterzumachen. Versuchen Sie auch, während der Übungen normal weiterzuatmen. Es ist auch in Ordnung, wenn Sie während einer Übung kurz durchatmen müssen. Bemühen Sie sich aber dabei, in den Übungen die Pausen so kurz wie möglich zu halten. Ein bisschen Puls muss sein!

In Ihrem auf 5 Minuten ausgelegten Trainingsplan sind nach jeder Übung automatisch jeweils 10 Sekunden Pause vorgesehen, damit Sie in Ruhe die Ausgangsposition der nächsten Übung einnehmen können.

| IHR WARM-UP | | | |
|---|---|---|---|
| **DURCHGANG 1** | | **DURCHGANG 2** | |
| **Übung 1:** Zombie Walk Kick | à 20 Sekunden | **Übung 1:** Zombie Walk Kick | à 20 Sekunden |
| **Übung 2:** Low Kick | à 20 Sekunden | **Übung 2:** Low Kick | à 20 Sekunden |
| **Übung 3:** Einbein-Stand mit Kniebeuge | à 20 Sekunden (10 Sek. pro Bein) | **Übung 3:** Einbein-Stand mit Kniebeuge | à 20 Sekunden (10 Sek. pro Bein) |
| **Übung 4:** Ischiocrurale Gruppe und Lendenwirbelsäulenbereich | à 20 Sekunden | **Übung 4:** Ischiocrurale Gruppe und Lendenwirbelsäulenbereich | à 20 Sekunden |

# ENTSPANNUNGS-ÜBUNG

Durch diese Übung können Sie innere Blockaden lösen
und frische Energie tanken.

Legen Sie sich bequem auf den Boden und winkeln Sie
die Beine leicht ab, während die Fußsohlen flach
auf der Erde liegen.
Schließen Sie die Augen und stellen Sie sich vor, wie ein
warmes Licht über Ihnen schwebt. Es ist wichtig, dabei ruhig
ein- und auszuatmen und daran zu denken, dass das Licht bei
jedem Atemzug in den Körper fließt.
In Ihren Gedanken bündelt sich das Licht in Ihrem Körper,
insbesondere in der Gegend unter Ihrem Bauchnabel.
Stellen Sie sich vor, dass sich an dieser Stelle eine warme
Lichtkugel entfaltet, von der aus das Licht in den gesamten
Organismus abstrahlt.

# FÜR EINEN STARKEN OBERKÖRPER

Die bisherigen Übungen waren nur das Warm-up.
Jetzt können Sie sich Ihrem Oberkörper widmen.

## STÜTZ MIT SHOULDER DIP

### AUSGANGSPOSITION

Gehen Sie in die Liegestütz-Grund-
position.Achten Sie darauf, dass
Ihre Handgelenke senkrecht unter Ihren
Schultergelenken bleiben (1).

### AUSFÜHRUNG

Berühren Sie nun abwechselnd mit der rechten Handfläche kurz die linke Schulter (2)
und setzen Sie sie wieder in die Ausgangsposition zurück. Anschließend berühren Sie
mit der linken Handfläche kurz die rechte
Schulter. (3)
Setzen Sie Ihre Hand bei jeder Wiederholung
unter dem Schultergelenk ab.
Jede Schulterberührung zählt als Wiederholung.

# GEROLLTER PUSH-UP

## AUSGANGSPOSITION

Legen Sie sich mit dem Bauch flach auf den Boden, halten dabei die Unterschenkel in einem 90-Grad-Winkel nach oben und führen Sie die Füße zusammen. Legen Sie nun die Handinnenflächen unter der Schulter auf den Boden und halten Sie die angewinkelten Ellenbogen so dicht wie möglich am Körper. Ihre Lenden- und Halswirbelsäule sollten in einer Ebene liegen (1).

## AUSFÜHRUNG

Drücken Sie sich aus der Ausgangsposition hoch, indem Sie zuerst den Oberkörper nach oben drücken und dann die Hüfte (2). Ihre Ellenbogen sollen dann ganz durchgestreckt sein.
Kippen Sie aus dieser Endposition (3) dann zuerst die Hüfte leicht nach vorn und rollen Sie sich anschließend leicht nach vorne ab, bis Sie wieder auf dem Bauch in der Ausgangsposition liegen.
Anschließend rollen Sie sich wieder wie beschrieben auf.
Jede Wiederholung zählt.

## TIPP

Wenn Sie bei dieser Übung Probleme haben, das Gleichgewicht zu halten, stellen Sie einfach die Füße etwas breiter auseinander. So erhöhen Sie Ihre Stabilität. Je enger Sie aber die Füße stellen, desto mehr muss Ihre Rumpfmuskulatur arbeiten.

# WILD THING &
# SEITSTÜTZ

In den folgenden Posen steckt so viel Kraft, dass Sie sie wahrscheinlich immer und immer wiederholen wollen.

### AUSATMEN

Verlagern Sie das Gewicht langsam auf die Standbeinseite
Bringen Sie den Ballen des rechten Fußes hinter Ihnen auf die Erde
Lösen Sie die Hand derselben Körperseite von der Matte

### EINATMEN (VERWEILEN)

Schieben Sie fest in die Hand und die Füße
Heben Sie das Becken nach oben und lehnen Sie sich aus dem Oberkörper zurück
Kreieren Sie eine gleichmäßige Biegung in Ihrer gesamten Wirbelsäule
Ziehen Sie den rechten Arm über den Kopf und folgen Sie mit dem Blick

### AUSATMEN

Bringen Sie den Arm wieder Richtung Matte zurück
Senken Sie das Becken etwas ab.
Aktivieren Sie den Core für einen kontrollierten und kraftvollen Übergang

### EINATMEN

Stoßen Sie sich von Ihrem rechten Fuß ab
Finden Sie die Liegestützposition mit gehobenem Bein
Die Schultern befinden sich genau über den Händen

### AUSATMEN

Ziehen Sie das rechte Knie nach links zum Ellenbogen
Strecken Sie es auf Hüfthöhe oder höher auf die linke Seite

### EINATMEN (VERWEILEN)

Verlagern Sie das Gewicht auf den rechten Arm und lösen Sie links
Drehen Sie den hinteren Fuß auf die Matte
Kreieren Sie eine Linie mit den Armen wie bei Trikonasana und heben Sie den Blick

# AUTOGENES TRAINING

Autogenes Training gehört zu den Klassikern unter den Entspannungstechniken, bei dem eine Selbsthypnose zustande kommt. Gedanken erzeugen Nervenimpulse. Selbst wenn Sie nur daran denken, einen Finger zu heben, leitet Ihr Nervensystem dies als einen messbaren Reiz an Ihre Muskeln im Finger weiter. Im Autogenen Training nutzen Sie dieses Prinzip anders herum. Mit Ihren Gedanken stellen Sie Ihren Körper auf Entspannung ein. Autogenes Training wirkt von Anfang an, ist jedoch effektiver, je öfter Sie trainieren. Das Erlernen dieser Technik benötigt etwas Zeit und sollte nicht erst kurz vor oder während einer akuten Stresssituation erfolgen. Beginnen Sie sich mit ein paar Atemübungen einzustimmen. Danach starten Sie mit den im Folgenden beschriebenen Grundübungen. Mit jedem in Kurzform beschriebenen Schritt geraten Sie tiefer in einen tranceähnlichen Zustand der Entspannung. Verwenden Sie beim Formulieren immer die Gegenwartsform und wählen Sie Ihre Worte so, als hätten Sie Ihr Ziel bereits erreicht.

Jede Übung wird mit der Rücknahme beendet. Ohne diese bleiben Ihre Körperreaktionen verlangsamt und Sie finden nicht energiegeladen und frisch in den Alltag zurück. Legen oder setzen Sie sich entspannt hin, sorgen Sie für eine ruhige Atmosphäre und atmen Sie ruhig ein und aus.

## ÜBUNG

**Ruhe:** Sie atmen tief durch und erwecken eine Ruhe, die bereits wartend in Ihnen schlummert. Sagen Sie sich immer wieder: „Ich bin ganz ruhig."

**Schwere:** Nacheinander werden Ihre Körperregionen schwer und warm. Konzentrieren Sie sich auf Ihre Atmung und die Entspannung im Inneren Ihres Körpers. „Meine Arme, meine Beine, der ganze Körper ist ruhig und schwer und entspannt."

**Wärme:** Nun spüren Sie wie eine angenehme Wärme Ihren Körper erfüllt und sich immer weiter ausbreitet. „Meinen Körper erfüllt eine angenehme Wärme, von den Beinen, den Armen, bis in den Kopf."

**Atem:** Atmen Sie ruhig und in Ihrem eigenen Rhythmus tief ein und aus. Mit jedem Atemzug gleiten Sie tiefer in einen Trancezustand und verstärken den Entspannungszustand. „Mit jedem Atemzug werde ich entspannter und tauche tiefer in die Entspannung ein."

**Puls & Herz:** Ihr Puls verlangsamt sich und Sie geben Ihrem Herzen Raum und Kraft. Nutzen Sie hierfür Formeln wie: „Mein Puls entspannt sich." und „Mein Herz wird warm und schlägt kräftig in meiner Brust." Das Herz ist zentral für den Körper, weswegen sich diese Entspannung auf den gesamten Körper auswirkt. Herzpatienten sollte diesen Schritt vorher mit Ihrem Arzt besprechen.

**Bauch:** Spüren Sie als Nächstes wie sich eine angenehme Wärme in Ihrem Bauchraum ausbreitet und die Organe wieder entspannen können. „Wärme breitet sich im Bauchraum aus und lässt Energie in meine Glieder wandern."

**Kopf:** Zuletzt konzentrieren Sie sich auf Ihre Stirn und Ihren Kopf und lassen diesen frei und kühl werden. „Mein Kopf fühlt sich frei und leicht an."

Wenn Sie mit diesen Schritten fertig sind, befinden Sie sich in einem Entspannungszustand, durch den Sie Ihr Unterbewusstsein mit positiven Botschaften oder Visualisierungen beeinflussen können.

Danach folgen Sie den Schritten der Rücknahme, um aus Ihrem Trancezustand in den Alltag zurückzufinden: Zählen Sie dafür von 6 an rückwärts.

**6.** Die Schwere und Schläfrigkeit in Ihren Beinen verschwindet. Sie fühlen sich leicht und frei an.

**5.** Die Schwere und Schläfrigkeit in Ihrem Bauchraum verschwindet. Er fühlt sich leicht und frei an.

**4.** Die Schwere und Schläfrigkeit in Ihrem Brustbereich verschwindet. Er fühlt sich leicht und frei an.

**3.** Die Schwere und Schläfrigkeit Ihrer Arme verschwindet. Sie fühlen sich leicht und frei an.

**2.** Die Schwere und Schläfrigkeit Ihres Kopfes verschwindet. Er fühlt sich leicht und frei an.

**1.** Nun öffnen Sie die Augen.

# GEBUNDENER
# DREHSITZ

Bei dieser Übung bedienen Sie sich einer uralten Yoga-Übung,
die in der klassischen Therapie leider etwas in Vergessenheit
geraten ist. Bei ihr nehmen Sie eine etwas ungewöhnliche Stellung ein
und „hebeln" Ihren Arm (und somit Ihr Schulterblatt) ein wenig aus, um die
Muskulatur dazwischen zur Dehnung zu „zwingen". Keine Angst, es klingt
schlimmer, als es tatsächlich ist.

## AUSGANGSPOSITION

Setzen Sie sich aufrecht mit nach vorn ausgestreckten Beinen auf den Boden.
Ziehen Sie das Bein der Seite, auf welcher die Verspannung herrscht, so nah wie
möglich an Ihr Gesäß heran. Der Fuß steht dabei fest auf dem Boden. (1)

## AUSFÜHRUNG

Neigen Sie sich nun etwas nach vorn und umgreifen Sie Ihren Oberschenkel mit dem
gleichseitigen Arm von innen. Der andere Arm wird hinter den Körper geführt. (2)
Greifen Sie nun mit der hinteren Hand die vordere Hand und ziehen diese weiter
nach hinten. Sie hebeln sich somit selbst etwas aus, und die Zugkraft zieht nach hinten zum Rücken. (3)
Halten Sie diese Position ca. 30–40 Sekunden und lösen Sie danach die Dehnung
auf. Es sollte eine spürbare Verbesserung zwischen den Schulterblättern zu ver-
zeichnen sein. (4)

## VARIANTE

Falls Sie mit der einen Hand nicht an die andere heranreichen können, nutzen Sie
eine Verlängerung wie z. B. ein Handtuch oder ein Fitnessband.

# STARKE ARME

Erweitern Sie gerne mit diesen Übungen Ihr Workout
oder auch für zwischendurch.

## DIPS AN EINER KANTE

### AUSGANGSPOSITION

Für diese Übung benötigen Sie einen stabilen Hocker oder eine Bank. Stützen Sie
die Handflächen so auf die Auflage, dass
Ihre Handrücken in Richtung Gesäß zeigen
und nicht nach außen gestellt sind. Halten
Sie die Hände möglichst dicht beieinander
und nah am Gesäß.
Stellen Sie nun die Füße nach vorne. Ihr
Gesäß sollte sich dabei möglichst nah an
der Stuhl- oder Bankkante befinden. Die
Beugung im Kniegelenk sollte bei 90 Grad
liegen (1).

### AUSFÜHRUNG

Dippen Sie die halbe Strecke nach unten und
anschließend wieder nach oben.
Achten Sie darauf, dass Ihre Ellebogen beim
Dippen nicht nach außen klappen, sondern
Sie sie immer dicht am Körper führen(2).
Jede Wiederholung zählt.

### WICHTIG

Setzen Sie die Hände wirklich nah an den
Körper auf. Sind sie zu weit auseinander ge-
setzt, entstehen negative Scherkräfte auf das
Schultergelenk.

# DIPS MIT WEITER VORGESTELLTEN BEINEN

## AUSGANGSPOSITION

Um den Schwierigkeitsgrad bei den Dips zu erhöhen, stellen Sie die Füße etwas weiter nach vorn, sodass die Beugung im Kniegelenk nun über 90 Grad beträgt.
Achten Sie darauf, dass Ihr Gesäß nicht mit den Füßen nach vorne rutscht, sondern nah an der Stuhlkante bleibt (1).

## AUSFÜHRUNG

Dippen Sie wieder die halbe Strecke nach unten und wieder hoch. Auch hierbei sollte Ihr Gesäß nicht nach vorne rutschen.
Die Dip-Bewegung erfolgt nach unten (2)!
Jede Wiederholung zählt.

# DIPS MIT HOCHGESTELLTEN BEINEN

## AUSGANGSPOSITION

Position, wie in Level 2 beschrieben, einnehmen. Diesmal werden die Füße auf einem stabilen Bücherstapel oder Ähnlichem aufgestellt (1).

## AUSFÜHRUNG

Das Aufstellen der Knie ermöglicht es, tiefer als zuvor zu dippen, wodurch die beteiligten Muskelgruppen stärker gefordert werden (2). Jeder Dip zählt.

# PUMP THE
# GLUTES

Zwangsurlaub heißt nicht, die körperliche Fitness hinten an zu stellen. Also, weiter geht's!

## SEITLICHES BEINHEBEN

### AUSGANGSPOSITION

Begeben Sie sich in den Vierfüßlerstand. Dabei darauf achten, dass die Hände unter dem Schultergelenk und deine Knie nah beieinanderstehen (1).

### WICHTIG

Drehn Sie in der Bewegung weder Schulter noch Hüfte auf, um den Oberschenkel höher zu stellen. Die natürliche Beweglichkeit der Hüfte bestimmt, wie weit Sie den Oberschenkel nach außen heben können.

### AUSFÜHRUNG

Führen Sie den Oberschenkel so weit wie möglich nach außen. Der Unterschenkel bleibt dabei angewinkelt. Mit dem Oberschenkel wieder nach unten gehen, ohne das Knie auf dem Boden abzusetzen, und den Oberschenkel anschließend wieder anheben (2).
Trainieren Sie bei dieser Übung immer beide Seiten nacheinander. Versuchen Sie, auf jeder Seite so viele Wiederholungen wie möglich zu schaffen.

## SEITLICHES BEINHEBEN MIT SIDE KICK

### AUSGANGSPOSITION

Beginnen Sie wie in Level 1 im
Vierfüßlerstand.

### AUSFÜHRUNG

Die Ausführung der Übung erfolgt wie
in Level 1, jedoch mit einem Unterschied: Sobald Sie den Oberschenkel an
die höchstmögliche Stelle geführt ha-

ben, kicken Sie mit dem Unterschenkel nach außen und führen ihn dann
wieder zurück (2).
Anschließend das Bein wieder zu-
rückführen, ohne es auf dem Boden
abzusetzen.
Auch hier immer beide Seiten nacheinander trainieren und versuchen, so
viele Wiederholungen wie möglich zu
schaffen.

## HALBE SQUAT JUMPS

### AUSGANGSPOSITION

Die Füße stehen schulterbreit, das Gesäß geht nach hinten, Knie sind leicht
gebeugt. Den Oberkörper etwas nach
vorne senken und gerade halten. Unter-
arme nach vorne abwinkeln (1).

### AUSFÜHRUNG

Aus der Startposition dynamisch nach oben
drücken und in die Luft springen. Arme dabei
kontrolliert nach unten führen (2). So sachte
wie möglich auf dem Vorfuß zu landen.

# 5-SINNE-ÜBUNG

Sobald Sie sich gestresst fühlen, Ihnen alles zu viel wird oder Sie nicht weiter wissen, halten Sie kurz inne. Nehmen Sie alle 5 Sinne bewusst wahr. Konzentrieren Sie sich für einige Sekunden darauf, was Sie gerade sehen, hören, fühlen, riechen und evtl. schmecken.
Durch diese Übung holen Sie sich ganz bewusst ins Hier und Jetzt und werden merken, wie der Stress in Sekundenschnelle von Ihnen abfällt.

# MEDITATIONS-ÜBUNG

Sie sitzen bequem und atmen ein paar Mal tief durch.
Ihre Aufmerksamkeit richtet sich auf Ihren Körper.
Spüren Sie, wie Herz, Bauch und Kopf miteinander verbunden sind.
Richten Ihre Aufmerksamkeit auf Ihren Bauch.
Versuchen Sie bewusst die verspannten Muskeln zu lockern.
Sie atmen tief in den Bauch. Dabei hebt und senkt sich die Bauchdecke. Mit jedem weiteren Atemzug spüren Sie, wie sich Ihr Bauch mehr und mehr entspannt.
Achten Sie auch auf das Gefühl im Herzen.

# DON'T SKIP
# LEGDAY

Wenn Sie sich aufgewärmt haben, können Sie sich Ihren Beinen mit diesen Übungen widmen.

## BRÜCKE MIT BEINHEBEN

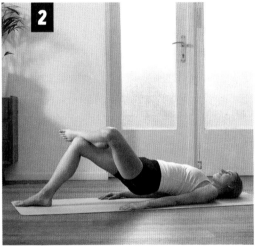

### AUSGANGSPOSITION

Legen Sie sich auf den Rücken und stellen Ihr rechtes Bein im 90-Grad-Winkel an. Legen Sie den Fuß des linken Beins mit der Außenseite auf das rechte Knie, das Knie des linken Beins rotiert dabei nach außen. Die Arme liegen flach auf dem Boden, die Fingerspitzen zeigen in Richtung deines Fußes (1).

### AUSFÜHRUNG

Heben Sie Ihre Hüfte maximal an (2). Drücken Sie das Becken also nicht ganz nach oben durch.
Senken Sie das Becken anschließend wieder ab. Versuchen Sie dabei, den Bodenkontakt so gering wie möglich zu halten oder sogar ganz auf ihn zu verzichten.
Trainieren Sie anschließend die andere Seite. Versuchen Sie, auf jeder Seite 20 Wiederholungen zu schaffen.

# HOHE BRÜCKE MIT BEINHEBEN

## AUSGANGSPOSITION

Gleiche Ausgangsposition wie in Level 1, mit dem Unterschied, dass der Fuß nun nicht mehr flach auf dem Boden aufgesetzt wird, sondern mit der Hacke.

Außerdem heben Sie das Becken nicht mehr nur drei Viertel des Weges, sondern den gesamten Weg (1).

## AUSFÜHRUNG

Stellen Ihre Hüfte den gesamtmöglichen Weg auf (2).

Trainieren Sie anschließend die andere Seite. Versuchen Sie, auf jeder Seite 20 Wiederholungen zu schaffen.

## TIPP

Sie können bei dieser Übung den Kopf auf dem Boden ablegen oder aber leicht anheben, je nachdem, welche Position für Sie angenehmer ist.

# IMPRESSUM

Bibliografische Information der Deutschen Bibliothek.

Die Deutsche Bibliothek verzeichnet diese Publikation in der Deutschen Nationalbibliografie.
Detaillierte bibliografische Daten sind im Internet über http://www.dnb.de/ abrufbar.

EIN BUCH DER EDITION MICHAEL FISCHER

1. Auflage 2020

© 2020 Edition Michael Fischer GmbH, Donnersbergstr. 7, 86859 Igling
Covergestaltung und Layout: Celina Reiser
Produktmanagement und Redaktion: Franziska Pfister
Anleitungen: Sinah Diepold (S. 68–71, 82); Birgit Ebbert (S. 40); Luisa Ehlgötz, Johanna Rundel, Jessica Stuckstätte (S. 42); Selmin Ermis-Krohs (S. 34–37); Prof. Dr. Stephan Geisler, Stefan Remmert (S. 72, 86 ); Anne Kubik (S. 60–63 ); Kristina Müller (S. 32 ); Eva Neumann (S. 38 ); Ralf Ohrmann (S. 74–77, 80, 81, 88–91, 94 ); Christin Pardun (S. 50–59 ); Johanna Rundel (S. 22); Katharina Schmiedicke (S. 16 ); Jessica Stuckstätte (S. 42); Johanna Rundel (S. 22); Lisa Tihanyi (S. 20 ); Mike Trendl (S. 18, 24–31 ); Lena Yokota-Barth (S. 24–31, 44, 48), Julia Zohren (S. 46)

Bildnachweis:
Birgit Ebbert (S. 40 ); Luisa Ehlgötz, Johanna Rundel, Jessica Stuckstätte (S. 42) ; Selmin Ermis-Krohs (S. 34–37); Anne Kubik (S. 60–63); Eva und Frank Neumann (S. 38); Clarissa Nill (S. 32 ); Christin Pardun (S. 50–59 ); Johanna Rundel (S. 22); Susanne Schramke (S. 68–71); Severin Schweiger (S. 74–77, 80, 81, 88–91, 94); Jessica Stuckstätte (S. 42);  Lisa Tihanyi (S. 20); Mike Trendl (S. 18, 24 ); Lena Yokota-Barth (S. 24–31, 44, 48), Julia Zohren (S. 46)
Weitere Bildnachweise:
Bekir Dönmez (S. 78), Hoshua Fuller (S. 93), John-Mark Smith (S. 67)

ISBN 978-3-7459-0196-2

Gedruckt bei Firmengruppe APPL, aprinta druck GmbH, Senefelderstraße 3-11, 86650 Wemding

www.emf-verlag.de